부산의 역사와 문화

최연주 지음

신아사

최연주
문학박사
동의대학교 인문사회대학 사학과 교수
동의대학교 박물관장(2012~2015)
한국중세사학회 기획연구위원장(2011~2012)
부산광역시 문화재전문위원(2014~현재)
경상남도 문화재위원(2015~현재)

저서
〈고려대장경연구〉, 경인문화사, 2006
〈왜 고려는 팔만대장경을 만들었을까〉, 자음과모음, 2011

공저
〈국역 고려사〉, 경인문화사, 2008
〈동아시아의 목판인쇄〉, 한국국학진흥원, 2008
〈증산마을이야기〉, 부산발전연구원, 2015

부산의 역사와 문화

초판 발행 _ 2017년 2월 28일

저　　자 · 최 연 주
발 행 인 · 정 현 걸
발　　행 · 신 아 사
인　　쇄 · 토탈프로세스
주　　소 · 서울시 은평구 통일로 59길 4(2F)
전　　화 · 02)382-6411 · 팩스 02)382-6401
홈페이지 · www.shinasa.co.kr
E-MAIL · shinasa@daum.net
출판등록 · 1956년 1월 5일 (제9-52호)

ISBN 978-89-8396-978-1(93300)

정가 11,000원

프라임 동의 인문교양 총서

이 저서는 교육부의 산업연계교육활성화선도대학(PRIME)사업 사업비를 지원받아 집필한 저서임

머리말

부산은 참 매력적인 도시이다. 부산 도심을 따라 길게 형성된 낙남정맥과 낙동정맥 줄기가 얽혀 있고, 가슴이 확 트이는 바다가 있다. 그리고 민족의 젖줄인 낙동강과 도심을 가로 흐르는 동천, 수영강, 보수천 등은 산과 바다를 이어준다. 산과 바다 사이 땅과 바위, 나무는 숱한 역사를 잉태하였고, 인간들의 무수한 이야기들이 품어왔다.

부산이라는 지역사의 출발 시점을 1876년 개항을 기점으로 보기도 한다. 이는 근대 도시 형성이라는 의미로서 구분하는 것이다. 그렇지만 인류가 언제부터 살았는가라는 물음에 대해서 답한다면 기원전 6,000년 전까지 거슬러 올라간다. 부산은 그만큼 역사가 오래된 지역이다. 부산 지역사의 시작은 곧 우리나라 신석기의 시작과 맞물려 있다.

우리나라 고대 철기문화의 새로운 서막을 열었던 가야는 그 발상지가 어디인가. 바로 부산의 서쪽을 가로 흐르는 낙동강 하구이다. 삼한시대의 청동기 문화에서 철 문화라는 새로운 문화를 전개하였던 가야는 비록 고대 국가로 발전하지 못하였지만, 부산을 비롯한 한반도 남부지역의 또다른 문화를 잉태시킨 바 있다.

이처럼 부산은 우리 민족의 역사에서 매우 중요한 전기(轉記)를 열어젖힌 지역이다. 우리나라 현대사에서도 그 도도함은 이어져 왔다. 1876년 개항 이후 비록 일본 제국주의 그늘에서 성장한 뼈아픈 역사를 가지고 있지만, 새로운 문물을 받아들였던 교역의 장(場)이기도 하였다. 부산항을 통해 들어온 문물은 부산을 거쳐 내륙으로 전달되었다. 해방 이후 60~80년 초반 우리나라의 경제발전 시기 동안 부산은 전국 여러 도시 중에서 경제활동 비중이 매우 높았던 산업 도시로서 국가 경제 발전을 이끌었던 선도적 역할을 수행하였다.

부산은 역사, 문화, 경제면에서 보잘 것 없는 지역이 아니라, 지역 사람들의 관심이 적었기 때문에 잘 알려지지 않았고 드러나지 않았던 것이다. 필자가 대학 강단에서 처음 강의한 교과목이 바로 부산의 역사였다. 강의 준비를 하면서 부산의 역사와 문화 관련 서적을 읽고, 그 역사 현장을 답사하면서 강의 교안을 작성한 것이 벌써 20여년 전의 일이다. 그 동안 지역 역사 및 문화에 대한 관심이 많아지면서 새로운 역사적 사실들이 밝혀졌고, 많은 자료들이 발굴 소개되기도 하였다. 이제 20여년의 전의 강의 교안은 연구실 구석에 유물처럼 자리만 차지하고 있다.

그 동안 새로이 출간된 역사 관련도서, 논문, 신문 스크랩 등을 이

리저리 얽히고 하여 강의 교안의 분량만 키워왔다. 지난 해 동의지천 교양대학에서 부산의 역사와 문화를 새롭게 편성하여 교양 강좌로 편성하자는 제의가 있었다. 그 동안 분량만 키워 온 부산 역사 강의 교안을 한번 정리해 볼 작정으로 이 책을 집필하였다. 오래되고 낡은 내용, 중복되는 내용을 정리하고, 연대기 서술에서 주제와 연대기를 고려하여 집필하였다. 막상 완성하고 보니 그 동안 여러 곳에서 출간된 부산 역사 관련 도서와 크게 다를 바가 없어 궁색하기만 하다. 요즈음 저작권 관련으로 저서를 집필하는데 여러 제약이 많고, 또 조심스럽기도 하다. 선학(先學)들의 업적을 잘 가려서 집필하였으나, 미흡한 부분이 너무나도 많다.

앞으로 추가 및 수정 보완할 것을 약속하면서 출간하기로 하였다. 이 책의 출간은 곧 시작이라 생각하고, 앞으로도 관련 연구에 대해 지속적으로 관심을 가지고자 한다. 그리고 도시화로 사라져가는 역사 현장을 계속 답사할 것을 다짐해 본다.

2017년 2월

엄광산 기슭에서

차례

Ⅰ. 총론

1. 부산의 위상

부산(釜山)은 우리나라 제2의 도시로서, 국제적인 도시 면모를 갖추고 있다. 부산이 가지고 있는 인구, 도시 및 산업 기반, 각종 인프라[Infra]의 구축은 어느 도시보다 우수하다. 광역적(廣域的)으로 본다면 동남 임해공업벨트 중심부에 위치하면서 울산·양산·김해·창원 등 공업 도시가 에워싸고 있고, 포항으로부터 여수에 이르는 지역까지 포괄하는 경제권을 배후에 가지고 있다. 여기에 기존 부산항만과 가덕 신항만에 조성된 허브[Hub]항은 국제무역항으로서의 입지를 확보하고 있다.

부산은 동아시아의 지정학적 위치에서 보더라도 매우 중요하다. 비록 부산은 한반도의 동남쪽에 위치하고 있지만, 동해와 남해를 이어주는 거점으로서 위상도 가지도 있다. 동해(東海)를 중심으로 러시아-중국-한국-일본을 연결하는 거점으로, 남해(南海)를 중심으로 아세안-중국-한국-일본-북미를 연결하는 거점으로 동북아시아의 주요한 길목에 있다. 무엇보다도 해양과 대륙을 이어주는 주요한 관문으로서 역할도 매우 크다고 할 수 있다. 그렇기 때문에 부산 신항만이

부산항의 해돋이

동북아의 메인 허브[Main Hub]항으로 주목받고 있다. 이를 잘 활용하면 동북아 중심도시로 거듭 날 수 있다. 부산은 '환태평양시대(環太平洋時代)'를 열어갈 핵심도시라 할 수 있기 때문에 그 발전 잠재력은 무한하다고 할 수 있다.

이러한 부산의 위상을 올바르게 이해하기 위해서는 부산이 가지고 있는 정체성[Identity]을 제대로 인식하고, 이를 토대로 앞으로 지역 발전에 노력해야 할 것이다. 지역 발전과 관련하여 지역의 역사 및 문화가 발전 방안의 중요한 기반이 된다는 주장이 있다. 이에 따르면 지역이 가지고 있는 경쟁력을 보다 더 확충하기 위해서는 지역 문화를 단순히 문화라는 측면에서 이해하는 것이 아니라, 하나의 재화(財貨) 또는 생산의 단위로 보고 있다. 지역 사회 발전을 위해서 그 지역만이 가질 수 있는 정체성 확보와 문화 창출이 필요하다고 본다. 정체성은 해당 지역의 역사는 물론 주민과 자연, 그리고 문화의 상호작용에 의하여 만들어지는 것이다. 지역 문화를 지역의 경쟁력 확보를 위한 핵심적 요소로 보고, 앞으로 국제간 교류에 있어서 또는 지역의 미래를 여는데 중요한 토대가 될 것으로 예상한다.

종전의 국가와 국가 간 교역이 지금은 지역과 지역 간의 교역 형태로 바뀌었다. 국가 간 또는 지역 간 정치 경제적 연합이 가속화되기도 하고, 때로는 분리되고 있다. 세계 주요 국가는 다투어 관광객을 유치하기도 하고, 산업 경제 전반에서는 대외 문호를 적극 개방하고 있다. 세계는 국경없는 하나의 체제로 통합되고 있다고 할 수 있다.

이 같은 변화 속에서 문화에 대한 중요성이 더욱 높아질 것이라고 미래학자들은 전망한다. 자본과 노동, 그리고 국가가 중심이었던 사회구성의 원리는 점차 약화되고 이제는 정보, 그리고 문화적 자원이 새로운 사회의 중심 축으로 바뀌고 있다.

문화가 경제발전의 원동력이라는 생각은 점점 확산되고 있다. 문화는 그 사회가 공유하고 있는 또 한 세대에서 다음 세대로 전해지는 신념, 가치, 태도 그리고 행동으로 구성되어 있으며, 문화는 동적이며 살아 있는 문화는 언제나 변화 과정에 있었다. 오늘날 문화는 그 자체가 하나의 재화(Goods)이며, 또 다른 생산요소가 되고 있다. 이처럼 문화에 대한 인식의 변화에 따라 지역사회에서 문화의 중요성을 인식하게 되었다. 일례로 지방자치체가 정착되면서 각 지방자치단체에서는 전통문화를 적극 발굴하고 있다. 발굴한 전통문화를 통해 지역 문화제 또는 주민 축제를 활성화하여 관광객을 유치에 많은 노력을 기울이고 있었다. 축제는 문화를 전승·발전시키는 중요한 계기가 될 수 있으며, 나아가 지역 공동체의 문화적 결속력을 드높이고 지역 주민의 삶과 질을 향상시키고 있다. 여기에 관광수입을 올리면서 지역 경제 활성화에도 기여하고 있다. 문화에 대한 관심은 지속적으로 이어지면서 발굴 및 계승하고 있다. 여기서 중요한 사항은 문화의 고유성을 찾는 일이다.

문화의 고유성은 곧 정체성 형성의 밑거름이 된다. 정체성 확립은 지방자치시대에서 지방을 스스로 자립하지 않으면 안 되는 것으로 자립의 기반이 되는 것이다. 지역이 경제적으로 사회적으로 탄탄한 기반을 갖추기 위해서는 문화에 대한 관심을 한층 더 강화시켜야 한다.

앞으로 각 지역에서는 지역의 고유성과 정체성은 물론 지역문화에 대한 관심이 더욱 높아질 것이다. 미래사회에서 지역사회의 발전은 지역문화의 창출과 정체성 확보에 달려 있다고 할 수 있다. 오늘날 지역 사회에서는 일상성과 다양성을 내세우는 문화적 욕구를 충족시켜 주는 것이 되어야만 한다. 이 점은 곧 주체성, 개성의 확립, 다시 말하자면 지역의 정체성을 정립하는 것이다. 지역의 문화 뿐 아니라 지역 역사에 대해서도 많은 관심을 가져야 지역이 발전할 수 있다는 사실은 무엇보다도 중요하다.

2. 부산 역사의 개관

부산은 오랜 기간에 걸쳐 형성되고 발전하였음을 지역내 산재한 다양한 유적지를 통해 충분히 확인할 수 있다. 구석기시대에도 부산 지역에 사람이 살았던 흔적이 있고, 영도 동삼동조개더미에서 알 수 있듯이 우리나라의 중요한 신석기 문화유적지로 주목받고 있어, 부산을 이해하는 중요한 요소임은 틀림없다. 그러나 부산 사람들과의 연관성을 말하기는 곤란하다. 근대 이전까지만 해도 부산은 우리 민족사에서 하나의 변방지역이라는 위상을 벗어나지 못했다. 중앙 정치권으로부터 동떨어진 지역이었다. 일부 지역을 제외하고 대부분은 이른바 '버려진 땅'이나 마찬가지로 방치되었다고 할 수 있다. 다만 지역이 갖는 지리적 중요성에 따라 금관가야의 위상, 그리고 조선시대 부산을 관장하던 동래부(東萊府)가 대일(對日) 관계의 중심적 역할을 했던 점은 특기할 만 하다고 하겠다. 이에 부산의 역사를 대략 살펴보기로 하자.

인류가 특정 지역에서 살았던 흔적을 보여주는 것이 구석기시대 유적이다. 구석기시대 유적지로는 옛 동해남부선 철길 인근의 청사포유적지, 해운대 신시가지 조성과정에서 발굴 조사된 좌동과 중동 유적이 있다. 지난 1990년과 1992년에 각각 발굴 조사된 유적지를 통해 부산에는 늦어도 1만전에 인류가 살았던 것으로 추정한다. 다만 구석기시대의 유적과 당시 생활상에 비추어 보아 정착한 것이 아니라 수렵·어로·채집 경제활동을 하였기 때문에 구석기인들은 부산에 잠시 머물다 다른 지역으로 이동하였을 것이다.

신석기시대는 농경을 시작한 것이 특징인데 이 시대 유적지는 부산에서 집중 분포되어 있다. 영도 동삼동, 아치섬, 영선동, 서구 다대동, 암남동, 강서구 북정, 죽곡, 북구 금곡동 등 동남해안과 낙동강 하구 주변에 집중되어 있다. 각 유적지의 편년을 구분해 본 결과 기원전 6천년에서 1천년으로 조사되어 부산에서의 신석기 유적은 오랜 기간에 걸쳐 형성된 것으로 인류가 정착했음을 보여 주는 중요한 증거가 되며, 한(韓)민족의 형성과 아주 밀접하다.

청동기시대를 대표하는 유적인 고인돌 등은 부산에서 찾기 쉽지 않아 당시 시대상을 유추해 볼 수 없는 실정이다. 그러나 부산 전역에서 다양한 청동기문화 유적이 발견되고 있다. 구서동, 장전동, 금사동, 부곡동, 거제동, 사직동, 양정동, 대신동, 감천동 등에서 발굴조사되었다. 도시화로 인해 이제는 그 흔적도 찾아 볼 수 없어, 이 시대 부산의 모습을 구체적으로 그려 볼 수는 없다. 그렇지만 부산에

범어사 일주문

는 많은 청동기시대의 사람들이 생활해 왔음을 충분히 짐작할 수 있다. 초기국가 시대에 복천동을 중심으로 하는 세력집단이 존재한 점으로 미루어 보아 일정 규모의 집단이 존재하였을 것으로 추정한다.

삼국시대 특히 신라와 통일신라시대의 부산과 관련된 기록은 전무한 실정이다. 특히 한국고대사의 중요한 자료로 평가받는 『삼국사기』, 『삼국유사』 등의 초기 기록에도 부산에 대한 내용은 거의 없다. 금정산 범어사의 창건설화를 통해 부산이 지정학적으로 매우 중요한 위치였음을 짐작할 따름이다. 그래서 부산은 중앙과 직접적 연관이 없어 특별히 주목을 받지 못한 것으로 보인다.

후삼국시대에 접어들어서도 부산은 역사 속에 등장하지 않고 있다. 부산 인근의 김해에는 소율희·소충좌, 양산에는 김인훈, 울산은 박윤웅 등과 같은 호족세력이 존재하였으나, 부산을 대표하는 호족이 없는 것으로 보고 있다. 다만 후백제의 견훤이 고려 왕건에게 절영마(絶影馬)를 주었다는 것으로 보아 부산은 견훤과 어떤 연관이 있는 것으로 보기도 한다.

고려시대에는 행정 중심지가 개경으로 옮겨 가고, 지방 행정이 재편되었다. 부산은 상위 지방행정기구에 편입되지 못했다. 그리고 고려의 대일(對日)관계가 활발하지 못하여 부산은 크게 주목받지 못하고 있었다. 고려말에 왜구가 창궐하자 부산은 그들의 약탈, 방화로 인해 사람이 살 수 없을 지경에 이르렀다고 『고려사』 등에 기록되어 있다.

부산이 역사시대에 주목받기 시작한 것은 조선 건국 전후라 할 수 있다. 조선은 외교 기조를 사대교린(事大交隣)에 두고 있었다. 일본과 교린 외교를 체결하면서 대일 교류의 거점으로서 부산은 각종 역사서에 구체적으로 기술되기 시작하였다.

한편 신라 초기부터 왜인이 우리나라를 자주 침범해 왔음은 사서에 수시로 등장한다. 예를 들면 신라 지마이사금 10월 4월에 왜인(倭人)이 동쪽 해변을 침범하였다라고 『삼국사기』에 기록되어 있다. 고려 말기에 등장하는 일본의 해적집단인 왜구는 우리에게 가장 성가시고 두려운 존재라 할 수 있다. 왜구의 창궐에 따라 해안 지방 제대로 성장 발전할 수가 없었다. 그래서 왜구를 정벌 및 격퇴하고 때로는 회유하여 그들의 약탈로부터 우리 국토를 지키고자 고심해 왔다. 특히 조선은 왜구를 방지하기 위해 다양한 외교적 노력을 해 왔는데, 태종대에는 왜관(倭館)을 설치하고, 세종대에 삼포(三浦)를 개방하였다. 이후 왜구 문제는 다소 소강 국면에 접어들었다. 그러나 일본 세력이 한반도에 자리를 잡는 단서를 제공하였다고 할 수 있다. 왜관이 동래부(東萊府)의 감독과 부산진(釜山鎭)의 통제를 받았다고 하지만 한반도 침략의 전초기지 역할을 한 것에 대해서는 부정할 수 없다.

1876년 강화도조약의 체결과 더불어 초량왜관은 일본전관거류지(日本傳管居留地)로 개방된다. 조선정부 간섭이 거의 없어진 상황에서 일본인들이 급속하게 이주해 오면서 왜관 일대는 급속히 팽창하게 되었다. 결과적으로 일본의 한반도 진출 또는 침략의 음모는 초량왜관이 발판되었다고 할 수 있다. 일본 제국주의에 의한 을사늑약이 체결되자, 부산은 대륙진출의 관문으로서 또는 식민지 수탈의 물류기지로서 그 성격이 변하였다. 그래서 부산은 기형적 도시 발전을 하게 되었고, 한편으로는 번영을 구가하였다. 개항 후 부산은 식민지도시로서의 일본의 필요에 의해 성장하였다. 일본화폐가 유통되고 우편국이 개설되었으며 근대식 은행의 설치 등 급속한 신문물의 이식이 실현되었다. 1910년 9월 「조선총독부지방관제(朝鮮總督府地方官制)」에 따라 옛 동래부(東萊府)의 사무는 신설된 부산부(釜山府)로 이관되었고, 과거의 동래부는 동래군으로 축소·개편되었다.

해방 직후 일본인들은 모두 물러갔으나, 그들이 남긴 상공업적 기반은 그대로 한국인들에게 계승되었다. 한 때 우리나라 산업에서 큰 비중을 차지한 부산은 일제 강점기의 상공업도시로서 확보했던 기반을 바탕으로 성장하였다고 해도 과언이 아니다. 한국전쟁이 일어나자 부산은 천일동안 피난수도(避難首都)였다. 각 지방에서 한꺼번에 피난빈들이 모여들게 되고 이에 따른 복잡한 주거생활 및 경제활동의 폭증으로 인해 거대도시로 성장하게 되었다. 하지만 그 방향은 기형적일 수밖에 없었다. 오늘날 부산이 겪는 주거생활의 불편, 교통상의 근본적 문제 등 도시문제는 부산의 타율적이고 왜곡된 역사와 깊은 관련이 있다고 할 수 있다.

1876년 개항이후 부산은 외래문물과 물자 등이 급속하게 유입되면서 도시의 근대적 발전이 가속화되었다. 그러나 다른 지역에 비해 우리나라 고유의 전통 마을 흔적이나 마을 구조, 마을 공동체 등은 일찍 사라졌다. 일제 강점기에 좌천동, 범일동, 수정동 등지에 조선 방직 등 근대 공장과 각종 기관 및 기구들이 들어서면서 외부의 인구(조선인, 일본인)가 급격히 유입되었다. 8·15해방 직후 귀환동포와 1950년 한국전쟁 직후 피난민들이 대거 몰려와 천마산, 수정산, 구봉산 등 산허리에 판자촌을 형성하였다.

엄광산 기슭에서 바라본 부산항

부산은 1876년 개항 이후 우리나라의 해외 교역의 중추적이고 핵심적인 역할을 담당하였다. 그래서 부산항의 변천과정이 곧 한국 경제의 발전과 변화의 깊은 연관이 있다. 부산은 태평양과 대륙을 잇는 관문도시로서 폭넓은 경제성장을 해 왔다. 우리나라의 교역 전진기지인 동시에 수출산업의 공급지로서 수출증진에 크게 기여해 왔다.

지난 1962년에서 1976년에 이르기까지 1~3차 경제개발 5개년 계획이 시행되던 기간 동안 부산은 한국경제 및 공업 근대화의 기반 정착을 위한 거점지역 역할을 수행하였다. 한국의 경제성장을 주도하였던 것이다. 부산이 우리나라 경제를 이끌 수 있었던 기반은 첫째, 국제적인 항만을 보유하고 있어 해외시장과의 높은 연계성을 형성하고 있었기 때문이다. 둘째, 한국전쟁 직후 타 지역에 비해 상대적으로 잘 정비된 사회간접자본 및 산업기반시설이 있었기 때문이다. 셋째, 급속한 도시화로 많은 인구가 유입되어 풍부한 노동력과 거대한 소비시장이 형성되었기 때문이다.

부산은 환태평양지역과 유라시아대륙을 연결하는 관문 위치에 입지한 국세항만 도시로서 각종 변화와 영욕의 역사를 모두 체험하여 우리나라 공업발전을 잉태한 역사의 현장이다. 그리고 한국 대기업의 발상지로서 80년대까지는 한국에서 가장 활력이 넘치는 산업도시였다.

1960년대 이후 경제개발과 7·80년대 부산항 개발에 따라 도시 규모가 커지고, 시역(市域)의 확대 등으로 다양한 지역에서의 인구 유입이 많아졌다. 하지만 부산 경제의 침체와 적기(適期)에 이루어져야 할 산업구조의 재편 실패 등으로 인해 1990년대 이후 다른 지역으로 인구 유출이 심각해졌다. 특히 원도심권이 심각해지면서 일부 전통과 역사성을 가진 도심 또는 마을의 고유 모습은 점차 사라지고 있다. 부산의 외형적 발전에도 불구하고 동래지역을 제외하고는 민족 문화적 전통이 타지방에 비해 빈약하다. 지역 구성원 측면에서도 주로 경제활동을 위해 각지에서 모여든 다양한 출신의 사람들이 많다보니 혈연적 유대나 지역적 특색의 기반은 아주 미흡하다.

3. 지역 역사에 대한 이해 방향

지역 문화를 올바르게 이해하기 위해서는 지역에 대한 연구가 선행되어야 하고, 지역 문화는 지역 역사의 변화 과정 안에서 파악되어야 한다. 따라서 지역 역사는 지역 주민과 문화 연구에 바탕을 두어야 한다.

지역의 역사나 문화, 생태 등을 적극 고려한 연구가 이루어진다면 지역의 고유문화와 문명과의 상관관계, 지역과 지역, 그리고 지역과 자연환경 간의 바람직한 공생의 논리를 찾을 수 있을 것이다. 오늘날 부산을 상징하는 지표들은 다양하다. 지역의 정체성과 문화의 재인식을 위해 지역의 역사성과 문화의 특질을 파악해서 재구성해야 한다. 지역 역사를 단순히 지역의 역사로서 일부분으로 이해하기 보다는 민족사의 한 축으로 이해해야 한다. 그래야만 지역 문화의 정체성을 명확하게 이해할 수 있다. 지역 역사는 자연·환경적인 모든 요소를 역사연구에 개입시킨 종합성을 띠고 있는 학문이다. 지역 사회의 정체성 확보와 지역 문화의 새로운 창출을 위해서라도 지역 역사는 지속적으로 연구되어야 한다.

지방 또는 지역의 위상과 역할은 더욱 강화되고 있고, 지역 주민들의 자치적(自治的) 참여 욕구가 증대됨에 따라 지역은 새롭고 독자적인 사회발전 논리를 추구하고 있다. 앞서 언급한 급변하는 세계질서에 지역사회의 대응은 매우 열악하지만, 지역은 '지역의 논리'를 새롭게 정립하려고 한다. 그래서 지역 연구는 반드시 이루어져야 한다. 지역 연구란 지역의 역사적 형성과정 및 현재적 과제를 분석하여, 지역의 특성과 정체성을 발굴하는 것이다. 나아가 미래의 지역발전 방향을 제시함으로써 지역이 당면한 시대적 상황에 대처할 수 있는 이론적-실천적 논리를 공급한다.

최근 지방을 재조명하고 발굴함에 있어서 지방의 발전 전략과 맞물려 더욱 활발하게 전개되고 있다. 특히 정치적 목적 뿐 만 아니라 관광산업을 포함하는 지역 경제 발전을 위한 자원의 개발이라는 명분과 결합하며, 그리고 국가 중심 혹은 중앙 중심의 역사 쓰기 혹은 역사 읽기를 벗어나 새로운 역사 인식의 틀을 추구하려는 학문적 지향을 나타내고 있다. 따라서 지역 역사와 문화에 대한 관심 또는 연구는 지속적으로 이어져야 한다.

다음은 민족사와 지역사의 상관성에 대해 살펴보기로 하자. 흔히 역사나 문화가 '승자(勝者)의 기록과 유산'이라고 말한다. 한국사의 큰 골격은 중앙·지배권력 중심으로 연구·서술되어 왔다고 해도 과언이 아니다. 그 내용도 제도변화나 영웅적 인물, 특수사건 중심, 나아가 예술적 문화재 중심의 이해에 이르기까지 모두 중앙·고급·지배 문화중심이었다. 그래서 지역민이나 지역의 역사·문화상은 그 가치를 인정받지 못하고 있다고 할 수 있다. 그리고 우리의 전통 문화나 역사에 대한 이해 시각도 특정 가문이나 인물, 유형 문화재와 관련한 고고학·미술사 부분에 너무 편중되고 있다. 지역사의 총체적인 파악 또는 지역문화의 정신적 기반 등과 같은 주요한 의미들이 외면되었던 것도 사실이다.

지역 역사를 고찰할 때 특정 분야를 검토하기보다는 다양한 분야를 총체적인 시각에서 검토되어야 한다. 역사기술(歷史記述)이나 문화기술(文化記述)은 행정단위를 넘어서 총체적 시각에서 지방의 역사와 문화·사회를 다루어야 한다. 지역사를 지역의 역사의 일부분으로 이해를 하는 것보다는 민족사의 한 축으로 이해해야 지역 문화의 정체성을 확보할 수 있을 것이다. 민족사나 일반사가 전국적인 범위에서 각 분야의 일반성과 일부의 사건만을 다루는 단편적이고 부분적인 역사라고 본다면, 지역사는 지역공동체의 전체를 연구하면서 그 기원과 성장, 해체과정을 다각도로 접근하는 분야이다. 또 민족사와 일반사가 제도나 구조의 문제에 치우쳐 구체적인 지역공동체의 생활모습을 그려내는데 한계를 가질 수 있으나, 지역사는 지역 공동체의 생활사를 생동감 있게 서술해 낼 수 있다. 지역사는 민족사 전체를 구성하는 한 부분으로서 의의를 갖는데 그치는 것이 아니라, 그 자체가 독자적인 특징과 가치를 가지며 민족사보다는 좀 더 구체적이고 사실적이라고 할 수 있다.

그래서 민족사 또는 일반사는 자칫하면 제도나 구조의 문제에 치우쳐 구체적인 민중의 생활모습을 결여하기 쉽지만, 지역사는 민중의 생활사를 생동감있게 서술해 낼 수 있는 장점을 지니고 있다. 특히 지역사의 연구 대상은 '행복한 수십명'이 아니라 '수백만명의 불특정다수'를 대상으로 한다는 점이 매우 중요한 점이다.

지역사를 올바로 복원하는 것은 우리 역사를 올바르게 복원하는 작업의 일환이다. 지역사가 바로 인식될 때, 우리 역사가 바로 인식되는 것이다. 지역사는 일반사의 일부도 아니고 그것을 위해 존재하는 것이 아니라는 점을 인식해야 한다. 이 점은 상호관계가 중요한데 구체적인 지역사에 대한 인식은 일반사에 대한 인식을 풍부하게 할 수 있으며, 일반사의 소양과 이해 속에서 지역사는 더욱 그 의미를 확대해 나갈 수 있는 상호보완적 관계임을 인식해야 한다. 결국 우리가 찾아야 할 지역사는 첫째, 지역적인 대상에 있어서 일반적인

부산의 상징 오륙도

국가사 즉 정치사, 외교사, 경제사, 사상사 등과 차별성을 찾아야 한다. 둘째, 지역성을 가진 지방사에로의 접근이 필요하며, 그 곳의 인간을 중심으로 그들이 주체가 되어야 한다. 셋째, 인간의 삶을 규정짓는 모든 요소들이 역사연구에 개입된 종합성을 띈다는 점이다. 마지막으로 구체성을 확보해야만 한다. 이러한 인식의 바탕 위에서 지역사의 활성화는 민족사와 지역사의 균형발전을 도모할 수 있는 핵심이 된다. 지역사는 지역문화의 바른 모습을 밝혀 지역개발의 밑거름이 되는 방향으로 전개되어야 한다.

그렇다면 어떻게 우리 고장의 역사와 문화를 인식해야 하는가. 그 첫 번째 조건은 '지역의 역사 제대로 알기'라는 사랑할 대상을 안다는 것이다. 두 번째 조건은 '믿음으로서 자기 지역을 믿는다'는 것 즉 지역인으로서의 정체성을 갖고 지역인으로서의 자긍심(自矜心), 자부심(自負心)을 갖는 것이다. 이처럼 지역을 사랑한다는 것, 지역에 대한 자부심과 자긍심을 갖는다는 것, 문화의 공유성(共有性)을 가진다는 것은 바로 지역사의 전통문화 인식에서 출발하는 것이다. 이러한 점에서 본다면 지역사와 전통문화는 바로 지역 문화의 바른 모습을 밝혀 지역 개발의 밑거름이 되는 방향을 전개되어 나가는데 그 의의가 있다고 할 수 있다.

지역 역사와 관련된 용어에 대해서 정리해 보면 향토사(Provincial history), 지역사(Regional history), 지방사(Local history) 등이 있다. 이들 용어는 거의 비슷한 개념이지만 좀 더 세부적으로 구분해 보기로 하자.

향토사(Provincial history)에서 향토라는 말은 고향 땅으로 비추어지는 경향으로 조상 대대로 살아오고 있다는 전통의 의미 내포하는데 이 점은 애향적 성격을 지닌 자기 출신 고장의 역사라고 볼 수 있다. 사회적 개념으로 본다면 향토라 지역 사회 안에 있는 또 다른 하나의 작은 단위의 지역사회이다. 향토사는 각종 자료 발굴로 인하여 전문 연구가에게 중요한 사료 공급원이 되는 긍정적인 측면이 있으나 고장을 사랑하는 애향심이나 어떤 자부심 및 긍지만이 강조되다보니 향토의 역사를 바르게 이해하지 못하게 되어 아마추어적인 향토사로 인식되기도 하는 부정적 측면이 종종 나타나기도 하였다.

지방사(Local history)란 용어의 지방은 중앙에 대하여 격차 혹은 불평등성을 가지고 있다. 즉 서열관계에 있어서 하위에 위치하거나 열등하다는 인식이 반영된 표현으로 다른 한편으로는 정부의 행정 편의주의적 발상에서 구분된 것으로 대개 행징적, 인위적 개념으로 이해되고 있다. 최근에는 지방이라는 개념을 단순한 물리적 공간이 아닌 중앙의 헤게모니를 강화하고 합법화하기 위해 성립된 것으로 보기도 한다.

지역사(Regional history)란 용어의 지역은 단순히 행정적·지리적 경계에 의해 나누어지는 구역이 아니라, 정치적·경제적·사회문화적 상호작용이 일상적으로 이루어지는 생활의 범위를 지칭한다. 그래서 지역은 인위적인 경계이기보다는 자연적·문화적 특성에 따라 구획된 영역을 뜻한다. 지역사회란 일정한 영역에서 공동의식과 그 영역에

의 소속감을 갖고 활동하는 인간집단이라 정의되고 있다. 최근에는 지역의 자족적인 발전을 구분하기 보다는 외부 권력과의 관계에 의하여 끊임없이 간섭받고 창출되는 일련의 과정에 대하여 관심을 두기도 한다.

한편으로는 지역의 성격, 공간, 기능적 단위의 결합, 상징적 공동체, 구조적 총체성 등의 논의에 따라 나눌 수 있다. 그렇지만 최근의 연구경향은 공동체로서의 지역에 대한 관심을 갖고 있다. 지역연구는 궁극적으로 지역에 거주하는 인간들의 집합적 삶(공동체성)을 개선하고자 하는데 있다. 결국 지방은 중앙에 종속된 개념으로 파악되어지고, 지역은 그 자체 독립된 개념으로서 지역은 지방보다는 더 넓은 범주의 개념으로 인식되고 있다. 중앙과 지방은 공간을 수직으로 나눈 개념이고, 지역은 수평적인 공간 개념으로 파악한 것으로 각각 2차원의 공간과 3차원의 공간으로 구분한 것으로 보면 된다.

지역 연구의 공간적 범주는 사람들의 사회적, 문화적 일상생활이 이루어지는 차원에서 파악되어야 한다. 지역사회란 단순히 지리적인 범주만을 의미하시 않는다. 인간과 사회의 기능적인 단위로서 지역사회라는 의미는 독특한 지역의 문화를 포함하는 개념이다. 그러므로 지역사회는 주민과 자연, 그리고 문화 및 사회가 상호작용에 의해 만들어지고, 지역사회와 지역문화는 상호불가분의 관계로서 주민이 없는 지역사회는 존재할 수 없듯이 지역문화가 없는 지역사회는 존재할 수도 없을 것이다. 지역사회의 정체성 확보와 지역문화의 창출에 있어서 그 근본이 되는 것은 바로 지역의 역사라고 할 수 있다.

오늘날 지역사는 역사학의 한 분야로 자리매김하고 있지만, 아직도 지역사는 전문 연구자의 부족, 관련자료의 미발굴, 연구시각의 결여 및 편협성으로 전근대적 수준에 머물러 있었다고 볼 수 있다. 앞서 살펴본 바와 같이 지역사는 자연환경적인 모든 요소를 역사연구에 개입시킨 종합성을 띄고 있는 학문으로 그 구체성을 확보하고 있다. 이점은 지역이 갖고 있는 구조와 그 특징을 역사적으로 파악하여 그 변화와 발전의 모습을 과학적으로 서술하려는 특징을 지니고 있다. 바로 지역에 거주하는 주민들의 구체적인 삶의 모습을 드러내려는 학문으로 지역사를 인식해야 한다.

다양한 일상적인 삶을 주제로 하는 지역 역사연구가 필요하다. 과거의 지역연구는 제국주의 시절 식민 지배를 위한 정책의 기초 조사과정에서 식민지를 주 대상으로 수행하였다. 전근대의 지역 연구 실체와 오늘날의 지역사는 그 성격이 다르다고 할 수 있다. 최근의 지역사 연구는 지역 주민들의 능동적인 지역 인식을 위해 상당히 진전되고 있는 상황이다. 특히 지역문제 즉 자본주의의 기형적인 발전으로 파생된 지역의 불균형 발전, 지역의식의 심화 및 지역 패권주의로 인한 갈등 구조가 확산되고 있는 시점에서 그 모순을 역사적 접근방법으로 진단하고 처방하려는 노력의 일환으로 이해된다.

지역 발전이 바람직한 방향으로 실현되기 위해 자기 지역에 대한 과학적이고 체계적인 인식이 확대되고 있고, 이를 위해 지역의 객관

적이고 총체적인 역사상을 밝히기 위해 노력하고 있다. 지역사는 추상화된 인간이 아니라 지역에서 피와 살을 가진 살아 있는 인간을 취급하는 것이다. 지역의 피와 살을 가진 살아 있는 인간을 취급하는 것은 관념적인 집단, 또는 추상화된 인간이 아니라 가정을 가진 구체적인 인간을 취급하는 것이다. 이를 위해서 지역의 역사 연구에 있어서 현지조사가 무엇보다도 필요하며, 또 국가사와 세계사는 물론 고고학, 지리학, 지질학, 경제학, 민족사, 세계사에 대한 소양을 갖추어야 한다.

부산사람과 부산문화는 개방성[포용성]과 융통성, 민중중심의 저항의식, 주변적 해양성[남성성] 등을 특징으로 하고 있다. 부산만이 가지고 있는 전통문화의 세계화와 함께 새로운 문화의 창출이 필요하다. 그러기 위해서는 부산의 역사와 문화 인식에 있어서 행정적 의미의 시(市) 경계를 뛰어 넘는 문화의 고유성과 유사성을 고려한 광역적 개념이 전제되어야 한다.

지역의 다양한 요소를 조화롭게 살려 지역사와 전통문화에 대한 인식과 선방을 재인식하여 일상적인 삶을 주제로 하는 우리지역의 역사 연구가 진행되어야 할 것이다. 지역 역사와 전통문화에 이해와 연구는 바로 지역 문화의 올바른 모습을 밝혀 지역 개발의 밑거름이 되는 방향으로 전개될 수 있도록 하는데 의의가 있다. 현대사회는 일상성과 다원성을 특징으로 하고 있는데, 지역의 전통문화 인식에 대한 출발은 지역을 사랑하는 것, 지역에 대한 자부심과 자긍심을 갖는 것, 문화의 공유성을 가지는 것 자체가 이러한 특징과 깊은 연관이 있다. 지역이 갖고 있는 구조와 그 특징을 역사적으로 파악하여 그 변화와 발전의 모습을 과학적으로 서술하려는 것이 바로 지역사이다. 지역 역사는 지역에 거주하는 주민들의 구체적인 삶의 모습을 드러내려는 학문으로 인식해야 한다. 부산이 가지고 있는 잠재력을 극대화시키면서 지역사와 부산 문화를 올바르게 이해해야 미래의 부산을 그릴 수 있을 것이다.

〈참고문헌〉

부산상공회의소, 『부산경제사』, 부산경제연구원, 1989.

강경식, 『대전환 21 미래와의 대화』, 국가경영전략연구원, 1997.

야노 토루, 『지역연구의 방법』, 전예원, 1997.

부산경남역사연구소, 『시민을 위한 부산의 역사』, 늘함께, 1999.

윤택림, 『문화와 역사 연구를 위한 질적 연구방법론』, 아르케, 2004.

최연주 외, 『증산마을 이야기』, 부산발전연구원, 2015.

김광철, 「지역사 연구의 전망」『연구소휘보』창간호, 부산경남역사연구소, 1994.

김홍석, 「부산의 사회문화적 특성과 전망」『부산사회문화의 이해』, 부산발전연구원, 1997.

고석규, 「지방사 연구의 새로운 모색」『지방사와 지방문화』 1, 학연문화사, 1997.

최연주, 「낙동강 하구문화의 형성과 그 역사성」『동남어문논집』 18, 2004.

Ⅱ.

부산의 과거와 현재

1 신석기 사람들의 정착과 부산

석기시대는 뗀석기를 사용하는 구석기시대, 간석기를 사용하는 신석기시대, 청동제를 사용하는 청동기시대로 각각 구분한다. 석기제작법에 의한 기술사적인 시대개념이다.

구석기시대 마지막 빙기인 뷔름(Wurm) 빙기는 지금으로부터 약 1만 5천년 전에 끝났고, 그 후 지구상의 기후는 현재 인류가 살고 있는 것과 같은 자연 환경으로 변하게 되었다. 한반도에 인류의 발자취가 미치기 시작한 것은 구석기 시대로서 전국적으로 분포되어 있다. 지금까지 알려진 유적은 함경북도 웅기의 굴포리, 충청남도 공주의 석장리, 제주도의 빌레못 동굴 등 수십 곳이 있다. 지난 1960년대 초까지만 해도 한국의 구석기 문화 자체가 부정되어 신석기시대 이후부터 한반도에 인류가 출현했다는 견해가 지배적이었다.

부산도 신석기시대부터 사람들이 살아온 것으로 간주되었다. 그러나 고고학 발전에 힘입어, 그 동안 발굴 조사된 유적지를 통해 한반도에도 약 60만 년 전의 전기 구석기시대부터 약 2만 년 전의 후기 구석기시대에 이르기까지 사람들이 살아왔던 것으로 밝혀지고 있다.

하지만 부산 지역의 구석기시대 존재 여부에 대한 유적 및 유물이 없어 그 동안 구체적으로 논의된 적은 없었다. 지난 1990년과 1992년에 각각 청사포유적지와 좌동 및 중동 유적에서 구석기시대 유물이 대거 출토되었다. 해운대 신시가지 조성과정에서 발굴 조사된 좌동 유적지에서 약 1만~1만 5천년 전에 살았던 사람들이 남긴 후기 구석기 유물 약 300여점 발굴되었다. 주먹도끼·긁게·찌르게 등 구석기 유물이 출토됨으로써 부산지역에 구석기시대 사람들이 살았음이 밝혀졌다.

구석기시대 사람들은 산과 들에서 사냥이나 식료품을 채집하며, 필요에 따라 인근 강이나 바닷가에서 조개 또는 물고기를 잡아 식생활을 꾸렸을 것이다. 그들의 경제활동은 수렵·어로·채집으로 특정 지역에 정주(定住)하는 것이 아니라 무리를 지어 이동하는 생활을 영위하였다. 그래서 한반도내의 다른 곳과 마찬가지로 강변의 낮은 언덕 위에 그들의 생활 터전을 마련하고, 뗀석기와 골각기를 사용하였다.

해운대 좌동 및 중동, 그리고 청사포유적은 부산의 역사를 구석기시대로 끌어올릴 수 있는 의미를 갖고 있다. 한편으로는 한반도의 최남단에 자리한 유적으로 한일 문화교류 내지 문화전파 경로를 파악하는데 귀중한 자료이다. 왜냐하면 구석기 시대에는 한반도와 일본이 서로 연결되어 자유롭게 이동이 가능하였기 때문이다. 구석기 시대 사람이 남긴 유물 중에는 일본 큐슈지방에서 발견된 후기 구석기 시대 유물과 비슷한 것이 있다.

그러나 구석기시대 사람들을 자신의 직접적 조상으로 보지는 않는다. 그 이유는 구석기시대 인류는 빙하기라는 기후상의 특성으로 인해 끊임없이 이동하는 특성을 가지고 있기 때문이다. 다시 말해 빙하기[홍적세] 기후상의 변화에 따라 어디론가 이동해 갔으며, 또 다른 구석기시대 사람들이 이동해 와서 부산 또는 인근지역에서 채집경제생활을 하였을 것으로 추정한다.

한편 빙하기가 끝나고 약 1만 년 전부터 간빙기[충적세]가 도래하였다. 이 시기의 한반도는 지금의 기후와 비슷한 온대기후대로 바뀌었다. 기원전 6,000년경에 이르면 한반도는 신석기시대가 전개된다. 이때부터 기원전 1,000년경까지 약 5,000년 동안 존속하며, 한반도에 본격적으로 사람이 살기 시작한 시기도 이 시기부터라 할 수 있겠다. 가장 큰 특징은 간석기와 토기의 출현이라 할 수 있다. 대표적인 유적은 조개더미[패총]이며, 대표적인 토기는 빗살무늬[즐문토기] 토기이다.

우리나라에서 신석기시대 유적지가 가장 많이 분포하고 있는 지역이 바로 부산이다. 부산 지역 내의 신석기시대 유적은 대부분 조개더미로서 영도 동삼동, 아치섬, 영선동, 서구 다대동, 암남동, 사하구 다대동 등의 동남해안과 강서구 북정, 범방동, 북구 금곡동, 가덕도 등 낙동강 하구 주변에 집중되어 있다. 조개더미에서 빗살무늬토기·융기문토기·골각기·장신구 등 많은 유물이 출토되었다.

동삼동 패총전시관

신석기시대 인류는 대체로 강가나 해안가 등의 수변(水邊) 가까운 구릉 위에 남향(南向)을 한 주거취락을 형성하고 공동생활을 영위하였다. 부산지역의 신석기 유적지에서 발견된 유물을 종합해 보면 대체로 빗살문, 융기문(隆起文), 압인문(押引文) 토기들이며, 그밖에 긁개, 돌칼, 낚시 바늘과 같은 어구 등이 출토되고 있다. 또 굴, 조개류 및 상어, 도미, 대구, 고래 등과 같은 어류의 뼈와 고라니, 사슴, 멧돼지 등의 육지 동물 뼈도 다수 발견되고 있다. 이를 종합해 보면 어로에 의존한 생활을 영위하면서 패각류의 채집이 성행하였고, 본격적인 농경이나 재배를 통해 생활을 한 흔적은 발견되지 않고 있다.

신석기 사람들은 비록 정착생활을 하고 있지만, 자연식물의 채집과 야생동물의 수렵과 어획에 의존하고 있었다. 물론 식료품의 생산이 있었다 하더라도 극히 초보적인 수준을 벗어나지 못하고 있었을 것이다. 이러한 생활 환경과 자연 조건에 부합하는 곳이 바로 강가나 해안가 등지이다. 동남해안 또는 낙동강 하구와 이에 가까운 해안지대 등에 당시의 유적지가 집중적으로 분포되어 있는 점에서 충분히 이해할 수 있다.

〈표〉 동남해안과 낙동강 하구의 신석기 유적

유적명	위치	출토유물	주요 특징
동삼동조개더미	부산시 영도구 동삼동	빗살무늬 토기, 조개가면, 결합식 낚시 등	B.C 6천년경부터 2천년 전후한 시기에 형성
동삼동상리조개더미	부산시 영도구 동삼동	간돌 도끼, 빗살무늬 토기 등	신석기 말기
아치섬조개더미 (조도패총)	부산시 영도구 동삼동	인골, 철검, 철촉, 골촉 등	
영선동조개더미	부산시 영도구 영선동	조개 팔찌, 융기문 토기 등	신석기 전기
청학동조개더미	부산시 영도구 청학동		영선동 조개더미와 연계

암남동조개더미	부산시 서구 암남동	토기 조각, 숫돌, 조개 팔찌 등	신석기 말기
용호동유물 산포지	부산시 남구 용호동		신석기 말기, 제사유적
괴정동조개더미	부산시 사하구 괴정동		
다대동조개더미	부산시 사하구 다대동	덧무늬 토기	신석기 중기
봉화산유적	부산시 사하구 다대동	돌도끼	해양관련제사유적
아미산유적	부산시 사하구 다대동	간 돌도끼, 갈돌 등	제사 유적
율리바위 그늘유적 율리조개더미	부산시 북구 금곡동	토기 조각, 석기 토제품 장신구 등	화덕자리 임시거주지
북정조개더미	부산시 강서구 강동동	덧무늬 토기 등	
범방동조개더미	부산시 강서구 범방동	빗살무늬 토기, 돌도끼 등	동삼동 유적지와 함께 신석기 대표 유적
범방가동유적 (수가리조개더미)	부산시 강서구 범방동	빗살무늬 토기, 가락바퀴 등	범방동 조개더미 연관
범방동신석기유적	부산시 강서구 범방동	결합식 낚시, 갈돌, 갈판, 그물추 등	범방동 가동유적 연관 바닷가 유적지
죽림신석기유적	부산시 강서구 죽림동		범방동 유적지 연관
세산유적	부산시 강서구 녹산동		범방동 유적지 연관
가덕도신석기유적	부산시 강서구 성북동	인골, 장신구, 그은 무늬 토기, 융기문 토기 등	B.C 5천년~4천년
대항조개더미	부산시 강서구 대항동	덧무늬 토기, 조개팔찌 등	
외양포 부은늘조개더미	부산시 강서구 대항동		일시적, 계절적 유적지

석기는 돌도끼·돌화살촉·돌창·맷돌·숫돌 등이 있고, 골각기로는 바늘·송곳·화살촉·낚시 바늘 등과 장신구로서 조개껍질로 만든 팔찌도 있으며, 동삼동 패총에서는 조개껍질로 만든 탈까지 출토되었다. 부산의 신석기 사람들은 주로 움집[수혈주거]이나 동굴에서 생활했던 것으로 추측된다. 주거지가 발견되지는 않았으나 그들이 설치했던 화로시설은 여러 개가 확인되고 있다. 문화유적 대부분이 물가에 있는 것으로 보아 그들은 신석기 전 시기동안 어로나 수렵위주의 채집경제를 지속시킨 것으로 파악된다. 반면에 농경을 행한 흔적은 아직 단정하기 어려운 형편이다.

금곡동 율리 패총의 바위그늘 유적지

신석기 사람들의 경제생활의 중심인 어로행위를 잘 보여주는 것은 조개더미의 굴·조개·대합·고둥 등이다. 우리나라는 삼면이 바다라는 지형적 특성과 위험부담이 따르는 동물 사냥보다는 강가나 바닷가 근처에서 어패류 등의 어로행위를 통한 식량 획득에 용이하기 때문에 적극 활용되었을 것이다. 굴·조개, 대구 등과 같은 어패류가 우리 민족이 즐겨 먹던 수산자원이었음을 조개더미를 통해 알 수 있다. 조개와 같은 패각류는 비교적 채집하기가 쉬워 인류에게 중요한 식료자원으로서의 역할 뿐 아니라 다양한 용도의 패(貝)제품 제작의 원료로 이용되기도 하였다.

우리나라 신석기시대를 상징하는 대표적인 유적인 동삼동조개더미는 한반도의 최남단에 위치하고 있고, 남해안 일대에서는 가장 규모가 크다. 이곳에서 출토된 유물이 다양하고 풍부하며, 각 층에서 출토된 유물의 성격이나 특징을 통해 조기, 전기, 중기, 후기, 말기의 5개 문화층으로 나눈다. 전기 단계까지는 외양성(外洋性) 어류인 대구, 방어, 참돔, 다랑어, 상어 등이 출토되고, 중기 이후단계에서는 회유성 어류인 숭어의 비율이 늘어난다는 분석결과가 있다. 바다짐승의 종류는 모두 6종으로 고래, 돌고래, 강치, 바다사자 등의 바다동물의 뼈가 출토되었다. 육지 짐승은 사슴과 멧돼지가 중심을 이루고 있다. 부산박물관의 조사 결과에 따르면, 호랑이 뼈와 탄화된 조도 검출되어 원시적이나마 농경을 했던 것으로 보고 있다. 출토된 유물로는 빗살무늬토기, 석기, 골각기, 패기 등이 있다. 조개류로는 이곳의 입지조건 때문에 바위 등에 붙어사는 홍합, 굴, 전복, 소라, 성게 등 무려 40여종이 출토되었다. 동삼동조개더미에서 출토된 패각 분석을 통해 낙동강 하구 연안은 물론 남동해안 거주 신석기 사람들의 어로 행위가 활발하게 전개되었음을 잘 알 수 있다.

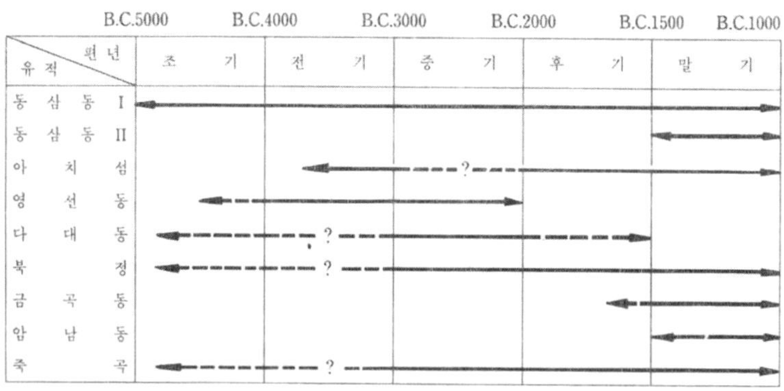

부산지방 신석기시대 조개더미 유적 편년

※ 부산시사편찬위원회, 『부산시사』1, 부산시, 1989, 324쪽 재인용.

각 유적지에서 출토된 각종 토기, 골각기 등을 종합적으로 분석해 보면 부산지역의 신석기 시대 문화는 영도 동삼동에서 가장 먼저 사람이 살게 되었고, 뒤이어 이웃한 아치섬·영선동·다대동 등에서 취락이 형성되었다. 그리고 가장 늦게 암남동이나 금곡동 등에서도 생활하게 된 것으로 추정한다. 신석기 시대에 부산은 가장 먼저 영도 지역에서 많은 사람이 살기 시작하였으며, 점차 해안선을 따라 낙동강 하구 쪽으로 퍼져 나갔을 가능성이 많다. 각각 성격이 다른 새로운 집단들이 시기를 달리하여 생활하였을 가능성도 있으므로, 옛날 다른 사람들이 살았던 지역에서 좀 더 늦은 시기의 새로운 사람들이 다시 살았던 흔적이 동삼동·영선동·다대동 조개더미 등에서 나타나고 있다. 그래서 하나의 동일 집단에 의해 이루어진 것으로만 보지 않는다.

동삼동과 다대동 조개더미에서 출토된 흑요석은 두만강과 일본 북구주 지방에서도 발견되므로 신석기문화의 교류한 흔적을 유추해 볼 수 있는 단서가 되기도 한다. 부산지역의 신석기시대 문화가 복합적인 성격을 띠는 것은 한국 신석기 문화의 특징 때문이라 할 수 있다. 한국의 신석기 문화는 시베리아 몽고 지역의 신석기와 같은 계통으로서, 처음 한 갈래는 요동반도에서 서해안을 거쳐 남해안에 이르렀고, 다른 한 갈래는 동만주로부터 동해안을 거쳐 동삼동에 이르렀다. 그래서 복합적으로 나타나지만, 낙동강 하구연안에서 발견된 유적에서는 또 다른 특징이 있다. 다른 지역과 달리 낙동강 하구연안에 정착한 신석기 사람들에게서 빗살무늬 토기가 특정지역에서 분포·조사되고 있다. 또 출토유물의 년대가 다양한 사실 등을 미루어 볼 때 그 형성 과정이 달랐으며, 정착단계도 상이한 것으로 파악한다. 물론 김해, 양산, 거제도 등의 다른 지역과도 긴밀한 문화교류를 가졌을 것으로 추정된다.

부산은 입지적으로 동남해안과 낙동강 하구연안에 접해 있다. 이러한 지리적 요건은 농경(農耕)과 어로(漁撈) 생활에 종사하기 좋은 곳이며, 강과 바다가 교차하여 어류자원이 풍부하여 인류가 정착하기 유리한 조건을 갖추고 있었다. 부산의 신석기문화는 기원전 6,000년경부터 시작되어 기원전 1,000년경까지 지속되었다가 그 후 북방의 무문토기문화와 접촉함으로서 청동기시대로 들어가게 된다.

〈참고문헌〉

김원룡,『한국고고학 개설』, 일지사, 1989.
부산시사편찬위원회,『부산시사』, 부산직할시, 1989.
부산경남역사연구소,『시민을 위한 부산의 역사』, 늘함께, 1999.
부산은행,『부산 역사 향기를 찾아서』, 부산은행, 2005.
부산광역시, 부산역사문화대전(http://busan.grandculture.net)

2 금관가야 문화와 낙동강 하구

한반도에 철기가 유입된 시기는 대략 기원전 4세기경으로 알려져 있다. 당시 철기문화는 청동기와 달리 주로 중국의 철기문화가 전래되었다. 수세기 동안은 철기와 청동기가 혼합 존재한 시대였다. 그러나 부산 인근 지역은 철기의 유입이 늦어져 기원 전후의 시기에 이르러 비로소 철기를 사용한 것으로 본다.

1세기부터 3세기까지는 삼한시대 또는 삼국시대 초기에 해당되는데, 고고학상으로 석기와 청동기가 소멸되고 철기사용이 본격화되는 시기이다. 철기사용은 곧 정복활동을 더욱 증대시킴과 동시에 생산력을 고도로 높임으로써 사회의 분화를 더욱 촉진시키게 된다. 한반도 남부는 기원전 2세기를 전후하여 삼한(三韓)시대가 전개된다. 기원전 2세기 초에 마한(馬韓), 기원전 1세기 초에 진한(辰韓), 대개 1세기 초에 변한(弁韓)이 각각 성립되었다. 『삼국지』 위서 동이전에 따르면 마한은 큰 나라가 1만여 가(家), 작은 나라는 수천 가에 불과하며 총 10여 만호, 진한·변한의 경우 큰 나라는 4~5천 가, 작은 나라 6~7백 가로 총 4~5만호가 있었다고 한다. 지금의 경상도 낙동강유역에 대략 20여개 소국이 존재하였음을 추정하고 있다.

당시 삼한의 소국들은 축적해 온 철 생산기술과 외부로부터 유입된 집단에 의하여 많은 철제무기와 농기구를 제작함으로써 독자적인 세력으로 성장하게 되는데, 이것이 가야제국(伽倻諸國)이다. 가야의 역사는 문헌사료가 부족과 일본의 역사왜곡 등으로 인해 한국고대사에서 밝혀지지 않았던 분야 중의 하나이다. 하지만 90년대 이후 고고학적 발굴성과에 힘입어 가야사 연구는 폭이 매우 넓어졌다.

가야는 가야(伽倻), 가라(加羅), 가랑(加良), 구야(狗邪) 및 가락(駕洛)이라고도 불려진다.『삼국지』동이전의 변진조에는 낙동강 중류 및 하류에 있었다는 변한 12국의 이름이 적혀 있는데, 그 중 '구야국(狗邪國)'은 김해, '미오사마국(弥烏邪馬國)'은 고령, 또 '안사국(安邪國)'은 함안에 각각 비정되고 있다. '독로국(瀆盧國)'은 동래 또는 거제에 비정되기도 하지만 나머지 국의 위치는 아직까지 불명한 실정이다.

그리고『삼국유사』권2, 가락국기에는 가야의 시조개국설화인 구지가(龜旨歌)[거북아 거북아 머리를 내밀지 않으면 구어 먹으리라]와 함께 금관가야, 대가야, 아라가야, 고녕가야, 성산가야, 소가야 등 6가야(또는 비화가야)를 기록하고 있다. 6가야는 소국들로서 연맹체를 이룩하고 있었고 그 중 금관가야와 대가야가 가장 강력한 중심 세력이었던 것으로 간주된다. 가야 여러 나라들은 낙동강 유역의 넓은 평야에서 일찍부터 농업 생산력을 바탕으로 성장하였다. 철기문화의 유입도 빨라 1세기경에는 철기시대에 들어갔으며, 풍부한 철 산출에 힘입어 각종 철제무기가 제작 사용되었다. 또한 낙동강 유역은 비옥한 땅에 풍부한 수원(水源), 그리고 온화한 기후 등 천연적인 조건이 도작(稻作)에 알맞은 지대였다.

금관가야는 지금의 김해를 중심으로 성장하였고, 구야국이라고도 한다. 구야국의 다른 이름인 금관국의 '금'은 귀금속이 아니라 쇠를 의미하기 때문에 구야국은 '쇠를 관장하던 나라'로 이해되고 있어 철을 매개로 한 대외교역과 나머지 가야국들에게 일정한 영향력을 행사하였을 것이다. 3세기경에는 수심 5m의 바닷물이 있었던 곳으로 학자들은 고김해만으로 부른다. 낙동강 하구는 고대 이집트 문명의 발상지였던 나일강 하류의 델타지역에 비유되기도 한다. 가야제국은 낙동강 유역을 중심으로 발달하였고, 특히 고김해만을 중심으로 금관가야가 성장하였다. 고대 가야 문명을 잉태시킨 문화의 터전이었던 고김해만은 지정학적으로도 해양과 내륙을 이어주는 교량적 역할을 수행할 수 있는 장점을 가지고 있었다.

금관가야는 초기부터 낙동강 하구를 중심으로 한 해상왕국으로서의 입지와 그 능력을 가지고 있었다. 그것은 수로왕(首露王)과 석탈해(石脫解)의 이야기를 통해 충분히 짐작할 수 있다. 석탈해가 가야 수로왕의 왕위를 찬탈하려 하였으나 실패하였고, 이에 수로왕이 석탈해의 뒤를 쫓기 위해 급히 500여척의 배를 출발시켰다(『삼국유사』 권2, 가락국기)고 하였다. 당시 금관가야는 수준 높은 항해술을 이미 가지고 있었고, 또 보유한 선단의 규모가 상당하였음을 의미한다. 그래서 해상활동이 매우 활발하였고, 해상왕국으로서도 입지를 다지고 있었다. 그것은 낙동강 하구를 중심으로 수로(水路)체계를 갖추고 있는 것에서 짐작할 수 있다. 허왕후가 인도 아유타국에서 올 때 수로왕은 유천간(留天干)에 명하여 망산도(望山島)에서 기다리게 한 것을 통해 알 수 있다.

금관가야는 해상왕국으로서 낙동강 하구에 위치한 지리적 입지의 이점도 있으나, 다른 지역과는 차별화된 경제적·문화적 기반을 보유하고 있었다. 『삼국지』 위서 동이전에 '국(國)에서 철을 생산하여 한(漢)·예(濊)·왜(倭)가 모두 와서 철을 얻어 간다. 시장에서 물건을 살 때 철을 사용하는데 마치 중국에서 전(錢)을 사용하는 것과 같다. 또 철을 두 군(낙랑군과 대방군)에 공급한다'라고 되어 있다. 이 내용은 3세기경의 사실을 전하는 것으로 '국'이 정확히 어디를 지칭하는지 불명확하지만 김해의 구야국(가락국)으로 본다. 그 이유는 3세기경 이 지역에서 가장 우월한 세력이 김해의 구야국이었다. 그리고 김해 인근 지역에서 철이 많이 분포하고 생산되었기 때문이다. 예를 들면 창원 성산패총에서 철이 녹아 흐른 흔적이 발견되었고, 철광석 채취가 바로 인근에서 이루어졌음을 알 수 있다. 특히 창원을 비롯한 김해·양산 등지에 철 자원이 분포해 있을 것이며, 철의 원활한 공급으로 인해 당시 철기시대에는 철의 교역이 증대되고 있었다. 그 교역의 범위도 한(漢)·예(濊)·왜(倭) 등으로 확대되면서 지배 권력으로 성장하는데 중요한 영향을 주었다고 할 수 있다.

김해 봉황대 유적

또 『삼국지』의 내용을 통해 낙랑군과 대방군 지역에 철을 공급한다는 사실은 철기 제작은 수요와 공급관계가 형성되었음을 알 수 있다. 이는 가야지역 내에서 본격적인 철 광산개발과 제련작업, 그리고 제련의 신기술 도입과 연관되어 있다. 철기 제작 소재를 원활히 보급해 줄 수 있는 철 생산체제의 완비와 이와 관련한 공급과 수요의 정치경제적 관계가 성립되었음을 의미한다. 금관가야가 나머지 가야제국에게 일정한 영향력을 행사할 수 있었던 것은 철의 생산이라는 당시 가장 인기있는 교역품을 보유하고 있었다. 또 그것을 개발할 수 있는 수준높은 기술을 가지고 있었고, 이에 못지않게 지리적 위치가 낙동강 중·상류 각지로 통하는 관문인 동시에 서해 및 일본에 연결되는 해로상(海路上)의 요충지였기 때문에 가능한 것이다.

금관가야가 입지한 김해지역은 남해안에 접하고 있고, 또 낙동강 하구에 위치하고 있어 다른 지역보다도 낙랑과 왜와의 교역에 유리하였을 것이다. 따라서 다른 지역들보다 지리적으로 발전할 가능성이 높다. 내륙에 위치한 양산, 밀양, 창녕, 합천, 고령, 성주 일대의 소국들이 대외 교역을 위해서라면 낙동강 하구의 김해 금관가야를 거칠 수밖에 없었다. 이 때 금관가야가 일정한 영향력을 행사할 수 있었던 것이다. 다시 말하면 자유롭고 개방적인 상호 호혜적인 국제 교역체계가 성립·발전되었고, 그 중심은 낙동강 하구연안에 위치한 금관가야가 담당하고 있었다는 것이다. 이러한 교역과 분배를 통해 금관가야는 위계적인 권위를 확립하는 관문사회(關門社會 ; Gateway Community)로 그 성격을 이해하고 있다. 즉 금관가야는 철 생산을 통한 교역의 분배권을 장악한 개방적인 무역 중개항구로 발달하였던 것이다.

석기와 청동기가 존재하였던 초기 고대국가에서는 식량의 채집 단계에서 본격적인 생산단계로 접어들면서 석기나 청동기보다는 농업 생산력을 향상시킬 수 있는 강도 높은 철의 사용이 필요하였을 것이다. 그러므로 다른 어떤 자원보다도 그 파급효과가 크다고 할 수 있다. 고김해만이라는 지리적 이점과 대외 교류를 통해 철의 생산과 철기 제작이라는 기술적 우위를 바탕으로 가야제국 중에서 문화적·기술적으로 비교 우위를 점하고 있던 금관가야가 중요한 역할을 담당하게 된다는 것이다. 따라서 가야문화의 중심지 역할을 담당하고 있던 낙동강 하구는 중국의 수준높은 고대 문화를 적극 수용하고, 이를 내륙으로 전달해 주는 중요한 거점으로서 기능을 발휘하고 있었다고 할 수 있다.

그러나 4세기에 집어들면서 많은 변화가 나타나게 된다. 먼저 대중국(對中國) 교역에 중심적 역할을 담당하던 낙랑군과 대방군이 고구려에 의해 축출되면서 그 구심점이 사라지게 되었고, 또 여러 지역에서 철 생산 확대 및 제련기술이 발전하였다. 따라서 철의 국제적 효용가치가 하락되었고, 이에 수요와 공급 체계가 변화되었다. 이는 삼국간 역학관계도 크게 작용하였다. 당시 신라는 고구려 이외의 선진 지역과 교섭을 기도하였으나 소기의 성과를 거두지 못하자 남부지역의 교섭활동을 방해하기 시작하였다.

낙동강 하구연안의 교역 주도권 경쟁에 신라가 개입한 것으로, 우선 신라의 가야진출에 대하여 정리해 보기로 하자. 신라의 대(對)가야지역으로의 진출이 교역 변화의 중요한 요인이 되었다. 낙동강 하류지역의 철광산지와 교역권 확보를 두고 신라는 금관가야와 경쟁하였고, 그리고 중요 물자 재분배체계를 통하여 경남 일대로 확보해 나가고자 하였다. 금관가야가 누리던 교역 중개지의 기능을 장악하여 그 이익을 취하고자 전략적으로 새로운 중심지로서의 김해지역을 공격하기 시작하였던 것이다.

가야 판갑옷(동의대박물관소장)

신라의 가야지역 진출은 이미 신라 초기부터 계속되었음을 여러 사료에서 확인되고 있다. 탈해 이사금 21년 8월에 아찬 길문(吉門)이 가야 군사와 황산진(黃山津) 어구에서 싸웠고, 지마이사금 4년 2월에 가야가 남쪽 변경을 노략질하자 7월에 지마이사금이 몸소 가야를 정벌하였는데 보병과 기병을 거느리고 황산하(黃山河)를 건너 가야군사와 싸우기도 하였다(『삼국사기』 권1). 특히 가야진사(加耶鎭祠)가 신라의 4독(瀆) 중 하나였다는 사실로 미루어 볼 때 신라는 가야를 끊임

없이 괴롭히며 영토 확장의 야심을 가지고 있었다. 금관가야의 동쪽인 오늘날 부산의 복천동 세력집단과 양산 세력집단을 후원하면서 군사적 거점지역으로 삼았다. 결국 금관가야는 고립되고 낙동강 하구연안을 장악하고자 하는 신라의 정치·경제적 전략과 밀접하게 맞물리게 되었다.

신라의 낙동강 하구연안으로 진출은 해상교역의 거점과 철의 집산지라는 매력을 가지고 있었기 때문이다. 그러므로 신라가 부산을 대외진출의 목표로 삼았던 것은 당연할 수밖에 없었으며, 경제적 이득권을 위해 신라는 금관가야와 각축을 벌리게 되었다. 하지만 신라의 정치적 야심과 국제 교역의 기능 확보에 대한 경제적 확보는 다른 나라에도 많은 영향을 미쳤다. 신라의 가야지역 진출은 왜(倭)로서도 선진문물의 수용과 자신들의 역할을 상실하게 될 것을 두려워하였으며, 백제로서도 신라의 개입을 좌시할 수 없었기 때문에 본격적인 가야지역으로 진출을 시도하였다. 즉 가야-왜-백제-신라가 낙동강 하구연안의 대외 교섭체계를 둘러싸고 반목과 대립이 이어졌던 것이다. 신라가 고구려에 구원을 요청하자 광개토대왕은 직접 남정(南征)을 단행하게 된다. 이는 광개토왕릉비문에 잘 나타나 있다. 이 비문에는 광개토왕의 재위기간(391~413) 동안의 정복활동과 군사작전이 적혀 있는데, 이른바 신묘년조(辛卯年條)기사이다. … 百殘 新羅 旧是屬民 由來朝貢 而倭以辛卯年來渡海破百殘ㅁㅁㅁ羅 以爲臣民 以六年丙申 王躬率水軍 討科殘國. 이 신묘년 기사는 한때 임나일본부설(任那日本府說)의 근거가 되기도 하였지만, 지금은 임나일본부설이 학설로 받아들여지지 않고 있다. 고구려의 남정으로 가야제국은 상당한 충격을 받게 되었고, 북부 가야제국의 소멸과 함께 고김해만을 중심으로 한 금관가야가 보유하고 있던 교역활동은 점차 위축되어 갔다.

독립기념관의 광개토대왕비(복제품)

법흥왕 19년에 금관국주(金官國主) 김구해(金仇亥)가 비(妃) 및 세 아들 노종(奴宗)·무덕(武德)·무력(武力)과 함께 국고의 보물을 가지고 와 항복했다(『삼국사기』 권4)라고 적고 있다. 여기에 보이는 무력은 바로 김유신(金庾信)의 조부가 된다. 이로서 532년 금관가야의 기반은 축소되었고, 고김해만을 중심으로 한 고대 해상 교역 체계는 소멸하게 되었다. 금관가야의 멸망은 나머지 가야 여러 나라의 앞날에 결정적인 타격을 주었다. 신라의 위협이 증대되자 대가야와 아라가야 등은 다시금 백제와 왜에 의지하려 하였다. 그러나 554년에는 백제의 성왕(聖王)이 신라의 관산성(管山城)을 치다가 도리어 패하여 전사하였으며, 그 때 백제군에 합세했던 대가야군도 참패를 면할 수가 없었다. 이 전투에서 이긴 진흥왕은 곧 창녕과 개령에 각기 하주(下州)와 감문주(甘文州)를 설치하고 대가야를 압박했다. 마침내 진흥왕 23년(562)에는 이사부(異斯夫)가 이끄는 신라의 대군이 쳐들어옴에, 마침내 대가야는 멸망되고 말았다.

낙동강 하구는 한반도의 선사문화를 주도하였고, 가야시대에는 대중국 교역체계에서 중심적인 역할을 수행하여 선진문물을 도입하고 이를 내륙으로 재분배하는 중계지로서 역할을 수행해 왔다. 그러나 금관가야의 소멸과 함께 신라 주도의 삼국통일이 완성된 이후 그 양상은 변화되었다. 통일신라의 대중국의 교역체계가 서해안을 중심으로 전개되면서 주요 루트도 울산과 경주, 그리고 서해안일대와 경주를 잇는 내륙 지역으로 옮겨 갔다. 또한 낙동강 하구가 당시 삼국의 수도였던 경주로부터 멀리 떨어져 있지 않다는 입지적 조건 때문에 크게 주목받지 못한 채 금관가야에서의 고대 문화는 독자적인 문화권으로 발전하지 못하게 되었다고 할 수 있다.

〈참고문헌〉

인제대학교 가야문화연구소편, 『가야제국의 철』, 신서원, 1995.
이현혜, 『삼한사회형성과정연구』, 일조각, 1997.
부산경남역사연구소, 『시민을 위한 가야사』, 집문당, 1998.
임효택, 『김해양동리고분문화』, 동의대박물관, 2001.
이현혜, 「4세기 가야사회의 교역체계의 변천」 『한국고대사연구』 1, 1988.
이영훈 · 손명조, 「고대의 철 · 철기생산과 그 전개에 대한 고찰」 『한국고대사논총』 9, 2000.
김대환, 「4～5세기 낙동강 하류역의 지역집단」 『제12회 영남고고학회 학술발표회 자료집』, 2003.
허재혁, 「고구려 남정 이후 김해지역의 정치적 동향」 『지역과 역사』12, 2003.
노중국, 「대가야의 성장기반」 『대가야의 성장과 발전』, 고령군, 2004.

3 고대 한일 교류와 낙동강 하류

동아시아의 역사 전개 속에서 우리나라 고대 문화는 북방계통의 문화와 밀접한 연관을 가지면서 중국문화의 요소를 받아들여 개성 있는 문화를 성립하였다. 지리적 특성 상 한국은 중국의 선진문화를 흡수하여 토착화시킨 다음, 이를 일본에 전수하는 문화 전달자의 역할을 담당해 왔다. 2~3세기에서 7세기말에 이르는 장기간 동안 삼국은 주요시기에 걸쳐 중국이나 북방계통의 다양한 문화요소를 받아들여 소화하였다. 삼국 각 나라는 나름의 독특한 문화를 만들면서 일회성이거나 일률적인 것이 아니라 문화의 발전정도에 따라 여러 차례에 걸쳐 다양하게 일본 문화에 영향을 미쳤다. 그래서 그 파급과정은 곧 일본문화의 성장과정이다.

한국과 일본은 문화적으로 많은 부분이 닮아 있고, 또 여러 분야에서 공유하는 것도 많다. 재레드 다이아몬드는 『총, 균, 쇠』의 「일본인은 어디에서 왔는가」에서 다음과 같이 언급하였다. '오늘날 한국과 일본 두 나라는 잘 못된 신화와 참혹했던 과거라는 굴절된 렌즈를 통해 상대방을 바라보고 있다. ~중략~ 한국인과 일본인은 수

긍하기 힘들겠지만, 그들은 성장기를 함께 보낸 쌍둥이 형제와도 같다'라고 한 것에서 한일 양국의 교류를 어느 정도 짐작해 볼 수 있을 것이다.

한반도에서의 문화전파는 단순히 대륙 및 한반도의 선진문물을 일본에 전해 주었다는 소극적·객관적인 영향이 아니라 한반도의 주민들이 일본지역으로 대규모적으로 진출함에서 이루어진 산물이다. 다시 말해 한반도의 사람들이 일본 문화의 선구자로서 새로운 문물의 전파와 일본 고대국가의 성립과 문화 형성에 직접 참가하고 활동하였던 것이다. 이처럼 문화는 항상 교류하고 전파된다. 생활능력의 총복합체로서 문화가 갖는 속성 중, 문화는 일반적으로 선진 고급문화에서 후진 저급문화에로 전파된다고 한다.

한국의 즐문토기(櫛文土器)가 건너가 일본 최고의 죠오몽[繩文] 토기문화를 열었으며, 그리고 한국 청동기의 전래는 일본 최초의 청동기문화로서 야요이[弥生] 문화의 근간을 이루었다. 일본 고대사는 고고학적으로 죠오몽 토기문화(신석기시대~기원전 3세기), 야요이 문화(기원전 3세기~기원후 3세기)와 고분시대(4세기~7세기) 및 율령국가시대로 구분되고 있다.

죠오몽 토기문화 시대에는 한반도 및 중국과 교섭을 가지기 시작한 시기로서 한반도와 대륙문화의 양상을 직간접으로 나타내고 있다. 일본 고대문화의 대표는 야요이 문화이다. 야요이 토기는 우리나라의 동삼동조개더미 등지에서 발굴된 빗살무늬 토기와 그 계통을 같이하고 있으므로 한반도의 영향을 많이 받은 것으로 보고 있다.

고분시대(4세기~7세기)인 3~4세기 한일교류의 주체는 일본열도의 각지와 가야지역이 개별적으로 교섭하고 있었다. 이 시기 신라와 백제계 유물이 일본에서 발견되지 않는다는 점에서 일정하게 이해된다. 일본이 독자적으로 철을 제련하는 것은 6세기경으로 알려져 있으므로 이전시기에는 한반도로부터 수입하였을 것이다. 이는 『삼국지』 위서 동이전에서 가야의 철이 주변 국가에 수출된 내용을 통해서 잘 알 수 있다.

공주 송산리 고분군

금관가야가 5세기 광개토대왕의 남정으로 신라에 병합되기 전까지는 대일교역의 주도권을 확보하였다. 그러나 병합 이후부터는 아라가야, 소가야 및 신라와 낙동강 이동(以東)지역과 정권을 비롯한 일본열도 각 지역간 다원적인 교류가 성행하였다. 5세기 중엽 이후 대가야가 가야국의 중심국으로 대두하자 다원적 교류는 쇠퇴하고 일본열도 각지와 대가야의 개별적 교섭이 나타난다. 6세기에 이르면 가야지역의 문물유입이 줄어들고 백제지역 문물이 급격하게 유입된다. 무녕왕릉의 목관재인 일본열도산 금송(金松)은 당시 대외교역의 주도권을 백제가 장악하고 있음을 단적으로 보여준다. 6세기 영산강유역(반남고분군)의 전방후원분과 동일한 묘제가 일본 내에 조영되고 있는 점에서도 활발한 교류가 이루어지고 있었음을 보여준다.

한편 고대국가체제를 구축한 삼국이 각각 불교·유교 및 예술을 발전시켰고, 또 이를 일본에 전수함으로써 고대문화의 정수라 하는 아쓰까[飛鳥]문화를 이룩하게 했다. 삼국시대의 경우 고구려 및 백제의 문화가 일본에 많이 전파되었는데, 특히 백제가 일본에 대한 핵심적 문화의 선파자 역할을 해냈다. 백제문화의 전파는 한학(漢學)의 경우 근초고왕(346~374)때 아직기(阿直岐), 왕인(王仁) 등이 건너가 한자를 가르치는 한편 논어, 천자문을 전했다. 근구수왕(375~383)때 유학 및 도기, 직조, 도화 등 전해 주는 등 기술을 전수하였다. 무녕왕(501~523)때 오경박사 단양이(段楊爾)와 고안무(高安茂)를 파견한 것에서 잘 알 수 있다. 또 성왕(523~54)때 오경박사, 역박사, 의박사를 파견하였다. 불교와 관련해서는 성왕 30년(552)에 노리사치계(怒唎斯致契)가 불교를 초전(初伝)해 주었다. 무왕(600~641)때 관륵(觀勒)이 건너가 역(曆), 천문지리, 둔갑방술을 전수하였다. 미술 분야에서는 위덕왕(554~568)때 아좌태자(阿佐太子)가 일본 성덕태자의 초상화를 그려주기도 하였다. 그밖에 경사, 율사, 화공, 와공, 의사 등이 건너가 아쓰까문화를 이루는데 크게 기여하였다.

고구려의 문화 전파도 매우 활발하였다. 영양왕(590~617)때 혜자(慧慈)는 백제의 혜총(慧聰)과 함께 일본의 성덕태자(聖德太子)의 스승이 되었다. 또 영류왕(618~641)때 혜관(慧灌)은 삼륜종(三論宗)을 전수하였다. 미술 분야에 있어서 영양왕때 담징(曇徵)은 그림, 묵(墨), 필(筆), 맷돌 등을 전했으며, 법륭사(法隆寺)의 금당벽화는 그가 그린 것이다. 그 밖에 신라에서는 조선술 및 제방을 쌓는 기술 등을 전해 주었다.

한편 660년 신라와 당나라 군대에 의해 백제 멸망 직후 왜(倭)의 개신정권은 663년에 백제부흥군 27,000여명을 파병하였으나, 백강구(白江口) 전투에서 나당연합군에게 대패하여 철군하였다. 그리고 나당연합군의 침공에 대비하여 대마도(對馬島)·일기도(壹岐島)와 북구주(北九州)의 각지에 방인(放人)과 봉수를 설치하고, 평지성을 축조하였다. 또 대마도로부터 북구주, 기내(機內)의 왕도에 이르는 국방상의 요새에 조선식 산성을 축조하고, 군정기관으로서 대재부(大宰府)를 설치하면서 양국 관계는 한 동안 소원해질 수밖에 없었다. 왜와 신라는 한동안 대립되었다가, 문무왕 8년 김동암(金東巖)을 일본 사신으로 파견함으로써 공적 교류를 재개하였다.

8세기 접어들면서 신라와 일본은 국내적으로 안정되면서 교류도 활발하게 전개되었다. 성덕왕 2년 일본국 사신이 총 204명의 대규모 사신이 방문하는 등 공적 교류가 우호적인 방향으로 전개되었는데, 성덕왕대에 견일본사(遣日本使) 및 견신라사(遣新羅使)가 각각 10회에 걸쳐 파견되었다. 당시 일본은 30여 년간 단절된 견당사(遣唐使)도 부활하여 직접 교류를 재개되는 등 동북아시아 삼국의 상호 교류 및 교역이 활발해졌다.

한편 한반도 남동부에 위치한 낙동강 하구는 지리적으로 일본과 가장 가까운 거리에 위치하고 있다. 신석기시대와 가야시대를 거치면서 한일 양국간 교류의 거점으로서 또는 핵심 창구로서 역할을 해왔다. 신석기 또는 금관가야 이래로 한일 양국 교섭에 있어서 낙동강 하구를 중심으로 하는 기존 항로를 지속적으로 활용하였을 가능성이 매우 높다. 왜냐하면 오랜 경험과 해류(海流)와 바람의 특성 등을 파악하여 사용했기 때문이다. 신속하고도 안전한 항로를 위해 새로운 항로를 개발하기 보다는 기왕의 것을 적극 활용하였을 것이다. 일반적으로 한번 개척되어 일상화된 항로는 쉽게 바뀌지 않는 속성을 가지고 있다.

대한해협을 사이에 두고 낙동강 하류와 일본 대마도 및 구주 지역과의 항로에 있어서 가장 보편적으로 활용한 것이, 낙동강 하구에서 출발하여 대마도를 경유하여 구주 북부에 도착하는 것이다. 대마도

낙동강 하구와 가덕도

와 거리가 가장 가깝고, 눈으로 확인할 수 있는 거리 안에 있으므로 항해하는 도중에도 목표의 확인이 가능하고, 심리적인 안정감도 있다. 금관가야가 철을 매개로 교류를 할 때도 최대한 활용한 항로가 이 항로일 가능성은 매우 높다.

금관가야 등 신라가 병합한 이래로 일본열도로 가기에는 가장 안정되고 거리가 짧아 심리적으로도 부담이 적은 항로이다. 부산이나 그 동쪽 혹은 북쪽에서 출발하여 목적지를 대마도로 잡을 경우에는 해·조류의 흐름에 역행하므로 실패할 확률이 매우 높다. 오히려 남해 동부해안에서 고대항로의 기점 조건을 갖춘 곳은 거제도이다. 따라서 김해일대는 일본열도에서 들어와 도착하는 지역으로 볼 수도 있다. 아무튼 대마도의 북단과 위도 상으로 동일하므로 북동진하는 해류와 낙조 시에 남서진(南西進)하는 조류의 움직임을 활용할 경우, 거제도나 그 이서(以西)에서 출발한다면 설사 정상적 항해에 실패했다 하더라도 대마도 북단에 걸릴 확률이 많으며, 표류일망정 최소한 일본열도에 도착할 수 있다고 한다.

부산지역에서 대마도까지 거리는 80여 ㎞이고 눈으로 확인이 가능하므로 어느 지역에서도 방향 측정이 가능하다. 교섭을 주도했던 세력이 김해지역에 있었을 경우, 그 곳을 출발하여 연안 항해를 하면서 서남진하다가 거제도를 경유하여, 바람과 조류의 방향 등 상황을 판단한 후 섬 이서(以西)에서 바다로 나갔을 것이다. 김해를 출발하더라도 항법상 거제도권을 경유하여 대마도로 항진해야 한다. 대마도

일본 대마도의 가네다 산성

에서 출발한 경우에는 자연스럽게 북동진(北東進)하는 해류에 올라타서 한반도의 동해 남부 혹은 남해 동부 해안에 도착할 수 있다. 더구나 봄에 남풍 계열의 바람을 활용하면 더욱 쉬워진다는 점도 고려해 볼 수 있을 것이다.

한편 『삼국지』 위서 왜인전에 나타나는 연안항로의 루트에 낙동강 하구가 등장한다. 즉 낙랑 · 대방군→(서해 남행)→한국→(서해 남행)→(남해 남행)→구야한국→(바다)→대마도로 연결된다. 구야한국은 금관가야를 의미하므로 낙랑 · 대방을 출발하여 서해 및 남해 연안을 거쳐 온 후 낙동강 하구에 위치한 김해에 도착한 후 대마도에 이른 것으로 추정된다. 낙동강 하구는 중국과 한반도 남부지역, 그리고 일본을 이어주는 연안항로의 중계지 역할을 한 무역 거점으로 활용되었음을 알 수 있다. 해상 교통로의 요충지로서의 전통은 통일신라시대에서도 발전적으로 이어졌던 사실에서 낙동강 하구의 입지적 중요성을 확인할 수 있다.

신라와 일본의 해양교섭 루트 상에 낙동강 하구는 지정학적 입지 조건상 중요한 역할을 하였을 것이다. 일반적으로 한번 개척되어 일상화된 항로는 쉽게 바뀌지 않는 속성을 고려해 본다면, 울산 못지않게 주목되는 곳이 바로 낙동강 하구이다. 이 지역은 가야시대부터 이미 중국의 수준높은 고대 문화를 적극 수용하고, 이를 내륙으로 전달해 주는 중요한 거점으로서 기능을 수행하였다. 낙동강 본류와 지류는 교역과 재분배의 거점으로서 역할을 하였는데, 낙동강 하구에 위치한 김해지역이 담당하였다. 가야와 왜의 교류에 핵심적 역할에 있어서 낙동강 하구의 중요성은 금관가야는 물론 통일신라도 인식하고 있었을 것이다.

중국[장안(長安)]-신라[경주(慶州)]-일본[난파(難波)]에 이르는 해상루트 상에서 낙동강 하구에 위치한 김해지역은 남해연안과 경주지역의 인접 항구를 연결하는 중간 경유지로의 역할을 하였을 것으로 볼 수 있다. 그러면 낙동강 하구에서 중간 경유지는 어디일까. 낙동강 하구에 위치한 황산진(黃山津)도 무역항으로 기능을 하였을 것으로 추정할 수 있다. 황산진은 오늘날 경남 김해시와 낙동강을 사이에 둔 양산시 임경대 부근으로 추정하기도 한다. 신라는 가야연맹체의 동쪽 국경인 황산강 즉 낙동강 하구를 장악하여 가야지역 진출의 발판으로 삼는 한편, 이를 봉쇄하여 상류와 하류를 잇는 가야연맹체의 수상 운송 교통체계를 차단시키고자 하였다. 한편으로는 해상으로 가야세력이 일본에 진출하는 것과 교섭하는 것을 저지하려고 하였을 것이다. 탈해이사금 21년에 아찬 길문(吉門)이 가야병사와 황산진 입구에서 싸워 1,000여급을 베었다. 길문을 파진찬으로 삼아 그의 공로를 포상했다고 하였다(『삼국사기』 권1). 또 지마이사금 4년, 봄 2월에 가야가 남쪽 변경을 침입하였다. 7월에 왕이 친히 가야를 칠 때 보·기병을 거느리고 황산하(黃山河)를 건너는데, 가야인이 미리 군사를 덤불에 숨겨 놓고 기다렸다. 왕이 알지 못하고 직진하자, 복병이 일어나 두어 겹으로 에워싸니, 왕이 군사를 휘둘러 분격하여 포위를 뚫고 물러왔다(『삼국사기』 권1)고 하였다. 두 내용을 통해 신라와 가야는 낙동강 수로(水路)의 통제권을 장악하기 위해 사활을 걸고 황산진을 확보하고자 하였다. 다시 말해 신라는 황산진 확보를 통해 경상도 서부지역으로 진출을 할 수도 있고, 기존 항구인 울산의 지리적 한계를 극복하여 대일(對日)·대중(對中) 교역 루트를 다양하게 확보하고자 하였을 것이다.

황산진이 항구로서 기능한 것은 희강왕 2년 4월 기사를 통해 충분히 짐작할 수 있다. 즉 우징(祐徵)은 아버지 균정의 피해로 원한된 말을 퍼뜨리니, 김명(金明)과 이홍(利弘) 등은 이에 분노하였다. 5월에 우징은 화가 미칠 것을 두려워하여 처자와 함께 황산진구(黃山津口)로 달아나 배를 타고 청해진대사 궁복(弓福)에게로 가서 의지하였다.(『삼국사기』 권10) 여기서 우징은 신라 45대 신무왕을 지칭한다. 우징과 그의 가족은 김헌창의 난이 진압된 직 후 황산진구를 통해 청해진으로 달아나고 있다. 당시 이찬 균정과 대아찬 우징 부자는 흥덕왕이 세상을 떠나자, 희강왕과 왕위를 다투었는데 그 때 균정이 죽고 우징은 청해진으로 피하였던 것이다. 그 후 장보고의 도움으로 돌아와 신무왕에 즉위하였다. 우징이 청해진으로 도망갈 때 이용한 포구인 황산진구는 앞의 탈해이사금 때 황산진 입구와 동일한 지명으로 보고 있다.

황산진구는 군사적 요충지인 동시에 수로 교통의 핵심적인 역할을 수행한 포구로 파악할 수 있다. 예를 들면 신라 국가제사인 중사

낙동강 하구의 망산도

(中祀)가 거행되던 4독(瀆) 중의 한 곳이라는 점, 낙동강 하구와 중상류를 연결해 주는 길목이라는 점, 황산진(黃山津)의 배후에 밀양·양산이라는 중소규모의 군현이 있어 다른 지역보다도 교역량 또는 추이가 빈번하였을 것이라는 점 등을 고려해 볼 수 있다. 당시 수도인 경주는 동남 해안가 쪽에 치우쳐 있어 내륙지방의 물자가 원활하게 전달되지 못하는 약점을 가지고 있다. 낙동강 수로는 신라의 교통로로서 핵심적인 기능을 수행하고 있고, 경주로부터 남서부에 위치해 있어 이 곳은 교통의 중심지였을 것이다. 따라서 경주보다는 황산진이 있는 삽량이 더욱 주목될 수밖에 없었을 것이다. 황산진구를 통

해 낙동강 중상류에서 하류로, 또는 남해안에서 낙동강 상류를 연결해 주는 중요한 길목에 위치한 지역임을 알 수 있다. 이러한 기능을 고려해 볼 때 황산진은 항구로서의 역할도 충분히 수행하였을 것이다. 황산진은 항구로서 독자적인 기능보다는 통일 신라 최대의 무역항인 울산의 보조항만 또는 보완적 기능을 수행했을 것으로 추론할 수 있다.

신라가 삼국을 통일한 뒤에 하루 빨리 통일 이전의 경주와 울산중심의 경제체제를 청산하고 한반도 전역을 대상으로 하는 새로운 경제체제를 세워야 하였다. 경제면에 있어서 여전히 경주지상주의의 폐쇄적 잔재를 청산하지 못하면 경주지상주의 경제의 고립화와 파탄을 의미한다. 그렇다면 울산에 집중되는 인적·물적 자원의 분산을 위해서라도 보조항만으로서 가치가 매우 높은 황산진을 적극 활용하였을 것으로 짐작된다.

낙동강 하류의 황산진과 하구의 김해는 금관가야의 교역에 핵심적인 기능의 수행 하여 항구 기능을 담당하였음을 알 수 있다. 낙동강 하구는 천혜의 양항(良港) 조건을 갖춘 만(湾)이 있고, 배후에 양산·김해 등과 같은 군현의 존재 및 내륙수로와 연결되는 하계망(河系網) 등이 발달해 있어 입지적 조건이 매우 우수하였기 때문에 적극 활용되었을 것으로 짐작된다. 기원 전후시기부터 낙동강이 대외 교섭의 중요한 창구 역할을 하고 있음을 반증한다고 하겠다.

〈참고문헌〉

연민수, 「統一期 新羅와 日本關係」『고대한일교류사』, 혜안, 2003.

최근식, 『신라해양사 연구』, 고려대출판부, 2005.

재레드 다이아몬드, 『총, 균, 쇠』(개정 증보판), 문학사상, 2014.

이용범, 「해외무역의 발전」『한국사』 3, 국사편찬위원회, 1981.

윤명철, 「고대 동아시아의 역사상에 있어서 해양의 문제」『역사와 문화』 동의대, 1997.

윤명철, 「신라하대의 해상활동연구－해양환경 및 대외항로를 중심으로－」『국사관논총』 91, 2000.

이종봉, 「삼국 · 통일신라시대 부산지역의 대외교류」『항도부산』 18, 2003.

연민수, 「7세기 동아시아 정세와 왜국의 대한정책」『신라문화』 24, 2004.

강봉룡, 「신라말～고려시대 서남해지역의 한·중 해상교통로와 거점포구」『한국사학보』 23, 2006.

최연주, 「낙동강 하구의 대일 항로에 관한 일고찰」『일본근대학연구』30, 2010.

4 고려 말 왜구 침구와 지역사회

왜구(倭寇)의 침입은 신라 초기부터 있었던 것으로『삼국사기』에 기록되어 있다. 삼국시대부터 우리나라 동남해안을 침입하여 노략질을 하였던 것이다. 하지만 일반적으로 왜구라 함은 엄밀하게 말하여 고려 말의 상황을 의미한다.

본래 왜구는 왜인침구(倭人侵寇)라는 하나의 문장이었다. 즉 왜인들의 구도(寇盜)집단 침입사실을 의미하는 것으로 본래는 '왜인들이을 약탈하였다'라는 뜻이다. 그런데 고려말에 그들의 약탈행위가 잦아지면서 하나의 술어로 변하여 왜인들의 구도행위를 표현하는 말로 자리잡게 되었다. 따라서 왜구란 고려 말부터 조선 초에 걸쳐 우리나라와 중국 연안에서 도적질 행각을 하던 일본인 해적집단을 총칭하는 것이다.

왜구가 창궐하게 된 배경으로 일본의 국내사정과 매우 밀접하다. 당시 일본은 북조씨(北條氏)의 겸창막부(鎌倉幕府)가 1333년에 멸망한 뒤 황실이 서로 갈라져 싸우는 남북조시대가 약 60년 동안 계속된다. 일본 전역이 전쟁으로 소란에 빠지게 되자 중앙의 통제력이 약화된 틈에 산적과 해적이 창궐하게 되었다. 특히 여원연합군(麗元聯合軍)의 일본 정벌로 피해를 입은 일본 서부의 구주지방과 그 연안의 대마도·일기도 등의 사람들은 그들의 곤궁을 덜기 위하여 고려와 원나라 해안 지방에까지 노략질 원정에 나서게 되었던 것이다. 고려에 침입한 일차 목적은 식량 약탈이다. 왜구의 근거지인 대마도와 일기도 등에는 대규모 농토가 부족하고 자연 조건이 농업에 적합하지 못하여 식량난이 심화되었기 때문이다. 한편 고려 사람들을 납치하

일본 대마도 해안선

여 그들의 부족한 노동력에 투입하거나, 또는 노예로 팔아 이득을 챙기고자 하였다. 마지막으로 고려와 협상을 통해 그들을 송환할 때 그 대가를 받기 위함도 있었다.

왜구가 『고려사』에서 첫 등장하는 기록은 고종 10년(1223) 5월 '왜(倭)가 금주(金州)에 침구(侵寇)하였다'이다. 그 후 충렬왕대까지 100년간 13차례 침입하였는데 주로 경상도 남해안에 집중되었다. 본격적인 노략질은 충정왕 2년(1350) 2월 이후부터로 본다. 즉 '왜인이 고성(固城), 죽림(竹林), 거제(巨濟), 합포(合浦)에 침구하므로 천호(千戶) 최선과 도령(都領) 양관 등이 싸워 쳐부수어 300여급을 죽이거나 사로잡았다. 왜구의 침입은 여기서부터 비롯되었다'라는 기록을 근거로 한다.

13세기 중엽인 고종대부터 경상도 연해안지역은 노략질을 당하였다. 특히 김해 및 진해, 거제도 등이 집중적인 피해를 입었는데, 낙동강 하구 유역에 왜구가 자주 출몰하였다. 이 지역은 한반도에서 일본과 가장 인근에 접해 있어 삼국시대부터 대일(對日) 교섭의 중요한 창구 역할을 수행해 왔다. 고대로부터 대일 교류의 창구로 핵심적인 기능을 수행하고 있었다. 고려 초기에 일본 사신을 위한 객관(客館)이 김해에 존재했던 것을 볼 때 대일항로상(對日航路上) 거점지역으로 기능하였다. 고려 초기부터 낙동강 하구를 왕래한 왜인들은 김해의 지리적 여건과 주변 상황에 많은 정보를 가지고 있었을 것이다. 왜구가 부산과 김해지역을 집중적으로 침입한 이유는 이 지역이 갖고 있는 경제적 이득 때문일 것이다. 낙동강 하구는 입지적 조건이 우수

할 뿐 아니라 그 배후에 양산, 밀양 등과 같은 군현의 입지하고 있어 내륙으로 연결될 수 있다. 내륙으로부터 각종 물산이 집결된다는 점에서 집중적인 표적이 되었다고 할 수 있다.

왜구 침범에 대해 고려 조정은 강력하게 항의하였다. 고종 14년 5월에 일본국이 글을 보내어 적선(賊船)이 변방에 침입하여 노략질한 죄를 사과하고, 아울러 수호하고 호시(互市)하기를 청하였다(『고려사』 권22). 고려 정부에서 일본에 왜구 침범에 대해 사과할 것을 요구하였고, 일본이 고려에게 교역을 청하고 있는 점은 사과에 대한 사후 조치로 볼 수 있다. 13세기를 전후한 왜구는 연해 주민들의 생활에 위협을 가하고 국가의 조세를 운반하는 조운선(漕運船)의 안전을 저해하는 경우는 있었지만 고려군에 의해 곧바로 제압당할 정도로 국가 존립에 심각한 문제를 일으키지 않았다. 그러나 고종 38년 김해에 성(城)을 수축하여 왜구 침입을 대비한 사실을 고려해 볼 때 양국의 교섭이 잘 이루어지지 않은 것으로 짐작된다. 한편 충렬왕대 여원연합군의 일본 정벌을 계기로 양국 관계를 극도로 대립하였고, 왜구 침입은 다소 소강상대에 놓였다. 이후 50여년이 지난 후 왜구는 다시 낙동강 하구 연안을 집중적으로 공략하였다.

충정왕 2년에 왜구가 경남 고성, 죽림, 거제, 합포에 침입한 이후 전국토를 본격적으로 유린하였다. 이 때부터 침입 시기와 피해 지역은 특정 시기 및 지역이 아니고 광범위하게 진행되었다. 공민왕대부터 공양왕대까지 왜구 침입을 지역별로 구분해 보면 다음과 같다.

〈표〉 고려말 왜구의 지역별 침입 추이

경남	경기	경북	충남	강원	전남	황해	전북	충북	평북	함남	평남	제주
85	56	54	53	32	31	27	24	9	8	8	4	1

왜구의 침입이 경남 및 남해안일대에 집중된 이유는 지리적으로 접근이 수월하다는 점, 전라·충남 등지 곡창지대가 있다는 점, 그리고 당시 조운로의 거점이 있다는 점 등이다.

당시 왜구 침입 때문에 고려는 국가적 위기를 겪게 된다. 공민왕 6년 5월에는 왜인이 지금의 인천시 강화도 교동에서 노략질을 하자 개경에 계엄령이 내려졌다(『고려사』 권39)고 할 정도로 왜구의 침입이 극에 달하였다. 우왕대 왜구의 침입이 연평균 27회였는데, 우왕 9년에 무려 50회가 침입하였다. 우왕 14년 동안 378회의 침구가 있어 국가적 현안 문제로 대두되고 있고 있었다. 이로 인해 당시 개경의 수도를 다른 지역으로 옮기자는 천도론(遷都論)이 나오기도 하였다. 연해의 주군은 삭막하게 텅 비어버렸다고 할 만큼 왜구의 노략질에 시달렸다.

특히 일본과 가까운 거리에 있는 경상도 지방은 막대한 피해를 입었다. 예를 들면 충정왕 2년 11월에 왜구가 동래부(東萊府)에 침입했고, 공민왕 10년 4월에는 고성, 울주(蔚州), 거제에 침입하여 노략질하였다. 이어 8월에 동래, 울주를 불사르고 노략하여 그 조운선을 빼앗고 또 양주(梁州), 김해부, 사천, 밀성군을 침입하여 노략질하였다. 공민왕 13년에는 하동(河東)에 침입하여 노략질하였다. 이를 종합하면 동래로부터 하동까지 경상도 남해 연안은 물론 동해안인 울산을 비롯하여 양산, 밀양, 진주 등 내륙까지 피해를 입고 있다. 연구에 따르면 경상도 128개 군현 중 57%에 해당하는 73개 군현이 왜구 피해를 입었고, 그 중 합포가 13회, 울산은 12회, 밀양은 11회, 고성은 10회, 김해·양산·진주가 8회, 사천은 7회, 동래·언양에 각각 6회씩 침입을 당했다고 한다. 경상도에 침입한 왜구는 대체로 충정왕 2년~공민왕 2년, 공민왕 6년~13년·23년, 우왕 2년~5년 등으로 특정 시기에 집중되었다. 각 년도별 왜구 침입에 따른 피해지역을 정리해 보면 다음과 같다.

〈표〉 경인년 이후 경상도 지방의 왜구 침입 추이

년 도	피해 지역
충정왕 2년	합포(3), 고성(2), 동래
공민왕 1년	합포(2)
공민왕 2년	합포
공민왕 7년	합포, 고성, 사천
공민왕 9년	사천
공민왕 10년	울주(2), 밀성, 고성, 김해, 양산, 사천
공민왕 13년	밀양, 고성, 김해, 양산, 사천
공민왕 23년	합포, 울산, 경주
우왕 즉위년	밀양
우왕 1년	밀양(2), 김해

우왕 2년	합포(3), 울주(2), 밀성, 고성(3), 양산(2), 진주(2), 동래(2), 언양
우왕 3년	합포, 울산(3), 밀양(3), 김해(2), 양산(2), 경주, 동래, 언양(2)
우왕 4년	고성, 사천
우왕 5년	합포, 울산(4), 밀양, 진주(2), 사천(2), 경주(3), 언양(2)
우왕 6년	김해
우왕 7년	울산, 밀양, 고성, 김해(2), 양산, 경주, 언양
우왕 8년	경주, 안동
우왕 9년	안동(3)
우왕 10년	양산
우왕 11년	안동
창왕 즉위년	진주
창왕 1년	진주, 경주
공양왕 4년	진주

* ( )의 숫자는 당해 년도 침입횟수를 말함.

왜구의 침입이 많은 지역의 공통점은 행정의 중심지이고, 인구가 많고 물산이 풍부하다는 점이다. 3회 이상의 피해를 입은 지역은 주현(州縣)과 속현(屬縣)이 별반 다르지 않다는 점에서 왜구 침입이 특정 지역만이 아니다. 결국 14세기 중엽 왜구의 침범 지역은 경상도 전역이었음을 알 수 있다. 연해안 지역은 그 피해가 매우 심각했을 것이다. 바닷가 근처 30~50리 지역 내에는 주민이 거주하지 못할 정도로 황폐화되었고, 또 해안가에 위치한 창고를 내륙으로 옮기도록 한 것에서 당시의 사정을 이해할 수 있다.

왜구 침입에 따라 경상도의 주요 군현은 막대한 피해는 물론 지역의 기반까지도 흔들어 놓았다. 예를 들어 우왕 1년 11월에 왜구는 김해에 소재한 관청을 약탈하고 방화하였다. 이어 밀양을 공격한 뒤 대구에서 고려군과 교전하였다(『고려사절요』 권 30). 정리하면 왜구는 김해와 밀양, 그리고 대구를 침입할 때 낙동강을 이용하였다. 왜구는 대규모로 침입하여 김해, 밀양, 대구를 단순히 침입한 것이 아니라 약탈과 방화를 하고, 주요 군현의 행정을 마비시켰다. 낙동강을 활용하여 왜구는 대규모 병력을 이동하고 내륙 깊숙이 진격하여 노략질하였던 것이다. 당시 왜구는 해전(海戰)은 물론 육전(陸戰)도 수행할 수 있을 정도의 군사적 체계와 전투력을 갖추고 있음을 짐작할 수 있다.

당시 왜구는 군사시설물도 방화하는 등 무차별적 공격을 하였다. 피해 지역도 경상도 지역에만 국한되는 것은 아니며, 전라도 전주·고부 등 전국적으로 자행되었다. 그래서 국가적으로 중요한 문서와 각종 사서를 보관하던 사고(史庫)도 왜구 때문에 위험한 상황에 처하게 되자 다른 지역으로 옮기기도 하였다. 우왕 7년 7월에 경북 영덕군 축산도에 상륙한 왜구가 안동을 거쳐 예천의 보문사를 위협하자 그 곳에 보관 중인 실록을 내륙인 충주 개천사로 옮기게 하였다(『고려사』 권 134). 또 경기도 안성의 칠장사에 보관 중이던 국사(國史)를 왜구의 침범으로부터 보호하기 위해 충북 충주로 옮겼다(『고려사』 권 45). 실록과 국사의 보관 장소를 옮기게 된 것은 왜구로부터 국가의 중요한 문서를 온전히 보관하기 위함도 있지만, 그 만큼 피해가

켰음을 알 수 있다.

당시 국가 재정은 왜구의 노략질에 심각한 상황에 놓이게 되었다. 당시 조운로(漕運路)는 국가 재정의 중요한 위치를 점하고 있는 국가 생명선이었다. 그런데 이 조운로가 왜구의 집중 공략의 대상이 되었다. 왜구 침입으로 해안가 지역이 황폐화됨은 물론 조운로의 확보가 곤란해지면서 국가 운용마저 위태로워졌다. 만약 조운로가 막히게 된다면 당시 미곡 등 물가의 급등은 충분히 예상할 수 있고, 세곡(稅穀)에 의존하는 국가 재정이 고갈되었다. 관료의 녹봉을 지급하지 못하게 되거나 또는 삭감하는 경우가 종종 나타났다. 해상 조운로의 출발점이었던 낙동강 하구 연안의 확보 없이는 국가 재정 운용도 힘들게 되었다. 조운로의 출발지는 합포의 석두창(石頭倉)이지만 경상도 내륙지방의 조운이 대체로 낙동강을 따라 내려와 김해를 거쳐 간다는 사실을 감안하면, 낙동강 하구 연안의 황폐화는 곧 조운 수송에 막대한 지장을 받게 된다. 조운선에 의한 수취망이 중시되면서 낙동강 하구 연안은 새롭게 부각되었으나, 왜구 침입으로 더욱 황폐화되었다. 이에 해상을 통한 조운로보다는 내륙을 통한 조운의 수송으로 변경되고 말았다.

국가의 중요 시설물들이 왜구 침범으로 불타버리거나 또는 다른 지역으로 이동한다는 것 자체가 해당 군현으로서는 행정 중심 기능을 상실하는 것이다. 일부 지역은 관청이 소실되고, 지방 행정 업무가 다른 지방으로 옮겨 가게 되면서 정치·경제는 물론 문화적으로

엄청난 피해를 입었을 것이다. 여기에 해안 인근에 위치한 주요 군현에서 고기잡이와 소금 생산 등과 같은 경제 활동을 하지 못하게 됨에 따라 그 지역은 경제적으로도 타격을 받을 수 밖에 없다. 왜구에 의한 관청 및 군사시설의 방화 등은 고려의 내정에 큰 폐해를 끼치게 되고, 국가 통치에 심각한 피해를 입혀 국가 자체를 위태롭게 하였다.

왜구 침입에 대하여 고려의 대응은 아주 허술했다. 고려 말 부원세력의 득세, 권문세족과 신진사대부간의 갈등 등으로 정치적 경제적으로 난맥상이 그대로 드러났다. 여기에 국방력의 약화가 왜구 창궐

대마도 와타즈미 신사

을 가져온 하나의 요인이 되었다. 여기에 그동안 진봉(進奉)과 하사(下賜)의 형식으로 행해오던 일본과의 교역이 고려말에 중단되자 이것도 한 원인이 되기도 했다.

고려는 왜구를 근절시키기 위해 회유와 동시에 무력토벌을 행하는가 하면, 일본에 사절을 보내 왜구 금지를 막부(幕府)에 요청했다. 공민왕 15년(1366)에는 김일·나흥유 등이 교섭사절로 파견되어 막부로부터 근절을 약속 받았으나 별 효과가 없었다. 그 후 몇 차례 파견되었으며, 우왕 3년(1377)에는 정몽주가 사절로서 일본 구주의 실권자인 원료준(源了俊)과 만나 왜구의 근절을 약속 받았으나 그 뒤에도 왜구의 침입은 계속되었다. 고려의 금구(禁寇)교섭이 실효를 거두지 못하자 자체 방위력의 강화에 힘써 공민왕 23년에 새로운 수군의 창설 건의를 받아 들여 전함을 건조하고, 연해의 여러 곳에 수군을 두어 이를 수군도만호, 만호 등으로 하여금 통솔하게 하였다. 또한 국방체제를 정비하여 왜구의 토벌을 강화했다. 이에 따라 우왕 2년에는 최영이 홍산(鴻山)에서 왜구를 크게 무찔렀고, 3년에는 최무선의 건의에 따라 화통도감을 설치하여 화약, 화포 등 각종 화기를 제조함으로써 왜구 격퇴에 큰 효과를 거두었다. 특히 4년에는 화통방사군(火筒放射軍)이라는 전문부대가 편성되어 왜구 토벌에 획기적인 전환점을 마련하였다. 또 화통도감을 관장한 최무선은 육화석포(六火石砲), 철탄자, 주화, 화포 등 많은 종류의 화기를 만들어 우왕 6년 충남 진포에 침입한 왜구 선박 500척을 모두 불태우는 큰 전과를 올렸다. 이 때 상륙했던 적을 상대로 이성계가 황산에서 대승을 거두었고, 우왕 9년 정지가 관음포에서 크게 승리하였다. 이러한 전투의 결과 왜구는 상당히 위축되었다.

우왕 말기에 이르러 왜구의 침입은 다소 줄어들게 되었으나, 창왕과 공양왕대를 거쳐 새 왕조가 개창된 뒤에도 침구는 계속되었다. 충정왕 2년부터 조선초에 이르기까지 약 40년 동안 고려는 왜구의 침탈로 인해 커다란 시련을 겪었으며 마침내는 왜구 창궐이 고려왕조 멸망의 한 원인이 되기도 하였다. 일본과 가장 가까운 거리에 위

동래읍성

치한 부산과 인근 지역, 그리고 낙동강 하구 지역은 왜구에 의해 황폐화되어 당분간 방치된 땅으로 존속되었을 것이다. 고려가 멸망하고 1392년 조선이 건국된 이후 부산은 전기(轉機)를 맞이하게 된다.

〈참고문헌〉

나종우, 『韓國中世對日交涉史硏究』, 원광대출판국, 1996.

무라이 쇼스께지음, 이영옮김, 『중세 왜인의 세계』, 소화, 1998.

이 영, 『잊혀진 전쟁 왜구』, 에피스테메, 2007.

구산우, 「일본원정, 왜구 침략과 경상도 지역의 동향」『한국중세사연구』 22, 2007.

박종기, 「고려 말 왜구와 지방사회」『한국중세사연구』 24, 2008.

최연주, 「낙동강 하구의 對日 航路에 관한 일고찰」『일본근대학연구』 30, 2010.

5 동래부와 대일 교류의 창구로서 왜관

오늘날 부산광역시 권역 내에는 조선시대 동래현, 동평현, 기장현이 각각 편제되었으나, 고려 및 조선시대의 부산이라고 할 때는 동평현과 동래현을 통칭해서 불렀다. 대일(對日) 교류와 국방상 요충지였던 까닭에 당상관(堂上官)의 관리가 파견되어 근무하고, 지방 행정관청인 동헌, 향교, 서원, 동래성 등이 밀집해 있다 보니 동래현이 자연스럽게 지역의 중심지가 되었다. 이에 반해 부산은 작은 포구일 뿐이었다. 지금의 동구 수정동, 좌천동, 범일동 일대의 해안가 마을이 여기에 해당된다.

고려말 왜구 노략질로 인해 부산도 거의 황폐화되다시피 하였을 것이다. 조선은 건국 직후 왜구 문제의 본격적인 대응을 위해 부산을 군사적 요충지로 판단하고 태조 3년(1394) 수군첨절제사를 두었다. 그리고 6년 부산에 진(鎭)을 설치하여 부산진(釜山鎭)이라 하였다. 이때 병마사(兵馬使)가 판현사(判縣事)를 겸하였다.

세종 5년(1423)에는 첨절제사(僉節制使)로 개칭하여 판현사를 겸직케

했다. 부산포에 진이 설치되고 좌도수군첨절제사(左道水軍僉節制使)의 수영(水營)이 설치되어 주변의 수역을 모두 관할하였다. 10개의 만호영을 두었다. 성종 15년(1484)에 부산성 축조 계획이 마련되었고, 21년에 완성되었다. 8월 29일 경상도 부산포성(富山浦城)을 완공하였으니 둘레가 2,026척이라 되어 있다(『성종실록』). 부산은 일찍부터 일본의 침입에 대비하는 군사 시설을 강화하였다. 명종 2년(1547)에 일본 사신이 왕래하는 길목임을 고려하여 동래를 도호부(都護府)로 승격시키고 당상(堂上)의 무관(武官)이 부사로 임명되었다. 그러나 선조 25년(1592)에 임진왜란이 일어나자 다시 현으로 강등되어 현령이 임명되었다. 32년에 다시 도호부로 승격되고, 당상의 무관이 부사로 임명되었으며 그 아래 판관을 두었다. 34년에는 일본과의 강화 교섭 상의 업무를 감안하여 당상의 문관으로 부사를 삼고 판관제는 없앴다. 효종 6년(1655)에는 동래부에 독진(獨鎭)이 설치되었고, 숙종 16년(1690)에는 부사가 방어사를 겸하였으나 2년 뒤 방어사는 없앴다. 영조 15년(1739)에는 부사가 동래성과 금정산성의 수성장(守城將)을 겸하였다. 갑오경장으로 지방관제가 전면 개혁되던 고종 32년(1895)에까지 이 체제는 유지되었다.

조선 전기 지역의 경제 상황은 『세종실록지리지』에 잘 나타나 있다. 동래현에서는 모시·무명·쌀·꿀·참기름·들기름 등을, 동평현에서는 무명·쌀·콩 등을 전세로서 납부하였다. 공물로 황밤·노루 가죽·사슴 가죽·전자리상어 껍질·치자·목기·상어·말린 조개·너구

동래읍성

리 가죽·여우 가죽·가는 대·왕 대·표고버섯·귤·석류·미역·김·전복·말린 사슴고기·말린 노루고기·사슴포 등 26종과 방풍·녹용·생지황 등 8종의 약재를 납부하였다. 동평현에서는 전복·상어껍질·대구·청어 등 22종의 토산물을 납부하였다. 지리적 여건 때문에 수산업이 일찍부터 발달하였다. 채취한 수산물의 종류는 대구·청어·전어·광어 등 어류와 전복·조개·홍합 등 조개류 및 김·미역·다시마 등 해조류 5종과 해삼이 있다. 소금 생산도 활발하여 동래현에 25좌 염분(塩盆), 동평현에 40좌 염분이 있고, 목장은 석포(石浦), 절영도(絶影島), 오해야항(吾海也項) 등 3곳이 있다. 그리고 동래현과 동평현의 전결(田結)은 1,723결(結)이며, 그 중 논이 8분의 5라 한다. 당시 지역 인구가 1,493명이므로 1인당 경작지 면적은 평균 1결 1부 5속이다. 경상도 전체의 1인당 평균 경작지 면적 1결 7부 8속에 비해 다소 적음을 알 수 있다.

한편 조선은 1392년 개국 직후 왕권 안정과 통치체제 확립을 위해서 대외관계의 안정이 필요하였다. 일본은 겸창막부(鎌倉幕府)가 멸망한 후 남북조(南北朝)로 나누어진 뒤 1392년 족리씨(足利氏)에 의해 통일되어 실정막부(室町幕府)가 성립되었다. 1392년 이전에는 양국이 왜구문제로 첨예하게 대립하였으나, 일본의 국가 기강이 확립되고 왜구에 대한 통제가 어느 정도 실효를 거두면서 국교단절 상태에서 벗어나게 되었다. 이때를 전후하여 양국관계는 새로운 국면을 맞이하여 교린(交隣)에 입각한 외교를 성립하였다.

조선은 정권 안정과 통치 질서 확립을 위해 대일관계의 중요한 문제였던 왜구문제를 해결하지 않으면 안 될 상황이었다. 그래서 막대한 비용을 감수하고서라도 그들의 요구에 응할 필요가 있었다. 일본 역시 왜구문제의 해결없이는 조선과의 관계 개선이 힘들다고 판단하였을 것이다. 양국은 성립 초기 대내외적 안정의 필요성을 공유하였기 때문에 적극적으로 교류를 추진하였다. 우선 왜구(倭寇)의 노략 방지를 위한 회유를 목적으로 하는 교린정책에 비중을 두었고, 조선에 우호적인 일본인에 대해서는 차별적 정책을 실시하였다. 예를 들면 평화적 목적으로 건너오는 왜인에게 관직을 주었는데, 이를 수직

왜인(授職倭人)이라 하였다. 또 조선에 귀화하는 자에게 토지와 집을 주었는데, 향화왜인(向化倭人)이라 하고, 조선을 왕래하면서 무역에 종사하는 왜인에게 체류하는 동안의 식료 및 편의를 제공하고 일본에 되돌아 갈 때까지의 식량을 지급하였다. 이를 흥리왜인(興利倭人)이라 한다.

그리고 왜인들이 점차 늘어나자 정부는 그들을 통제할 목적으로 태종 7년(1407)에 동래 부산포와 웅천 내이포, 두 곳에 왜관(倭館)을 설치하여 여기로 왜인들이 드나들도록 지정하였다. 왜관은 일본인의 출입과 무역을 허락한 개항지에 관우(館宇)를 지어 일본인을 접대하고 그들을 머물게 하는 동시에 무역을 행하게 하던 곳이다. 조선의 대일관계 기조는 왜구의 노략을 방지하고 회유를 목적으로 하는 교린정책으로서 그 정책 중 하나가 바로 왜관의 설치라고 할 수 있다.

그러나 왜구 문제가 근절되지 않자, 세종 원년(1419) 상왕인 태종의 주도로 대마도 정벌을 단행하였다. 삼군 도체찰사에 이종무, 삼도 도통사 영의정 유정현, 삼군 도절제사 의정부참찬 최윤덕 등을 임명하였다. 그리고 경상도, 전라도, 충청도 3도(道)의 병선 227척과 병사 1만7천 명을 구성하여 음력 4월 출병을 명하였다. 음력 6월 19일 거제도 남쪽 주원방포를 출발하여, 20일 대마도에 도착한 후 이종무는 도주 종정선에게 글을 보내 항복을 권하였다. 그러나 대답이 없자 정벌군은 길을 나누어 수색하여, 적병 114명 참수, 21명 포로로 붙잡았으며, 1,939호의 가옥을 불태웠다. 129척의 선박을 노획해 쓸 만한

20척만 남기고 나머지는 모두 태워버렸다. 중국인 130여명을 찾아내는 전과를 올렸다. 29일 두지포(豆知浦)를 수색해 가옥 68호와 선박 1척을 태우고, 적병 9명을 참수하고 중국인 15명과 조선인 8명을 구출하였다. 음력 7월 3일 주력함대를 이끌고 거제도로 귀환하면서 대마도 정벌은 마무리되었고, 곧 부산포와 내이포를 폐쇄하였다.

세종 5년 대마도 도주(島主)의 간청에 따라 부산포와 내이포를 다시 개방하고 세종 8년에는 울산의 염포까지 열어 주었다. 일본에서 오는 모든 선박은 이들 삼포에만 기항하도록 하였으나, 들어오는 왜인들이 더욱 증가함에 따라 접대에 따른 국비의 지출도 크게 늘게 되었다. 이에 세종 25년(1443) 대마도 도주를 상대로 계해조약(癸亥條約) 체결하였다. 주요 내용은 세견선은 한 해에 50척, 세사미두는 200석으로 한정하고 도주에게 도서(図書)를 주어 도서가 없는 자는 입국을 금지하도록 하였다.

삼포의 왜관에는 여러 가지 핑계로 돌아가지 않고 눌러 앉는 왜인들이 늘어갔다. 이들을 항거왜(恒居倭)라 부르고 그들의 거주지를 왜리(倭里)라 하였다. 이곳에서 여러 가지 외교상의 마찰이 생겨나자 정부는 대마도 도주에게 여러 번 그들의 의 송환을 강력히 요청했음에도 불구하고 그 수는 점차 늘어 만 갔다. 예를 들면 부산포의 경우 세조 12년(1466) 330명에서 성종 6년(1475) 350명으로 늘었다. 이에 대해 정부의 대책은 거의 없었고, 중종 5년(1510)에는 마침내 삼포에서 왜변이 일어났다. 항거왜인들이 대마도 도주 세력에 의지하여 제포와 부산포에서 난을 일으켜 첨사를 살해하는 등 만행을 저질렀다.

겨우 난을 진압한 후 왜인들을 모두 삼포에서 내 쫓았으나 중종 7년(1512)에 임신조약(壬申條約)의 체결로서 통교를 재개하게 되었다. 이 조약에서 세견선과 세사미두는 각각 반으로 줄게 되었고, 삼포의 항거왜는 없애기로 하였다. 제포만을 개방하여 여기에 왜관을 두기로 하였으나, 중종 39년에는 다시 왜관을 부산포로 이전하였다. 왜관은 태종 7년에 처음으로 설치된 이래, 여러 차려 개폐를 거듭하다가 임진왜란에 따라 완전히 폐쇄되었다.

선조 31년(1598)에 강화교섭이 시작됨에 따라 34년 절영도에 임시왜관이 설치되었고, 39년에는 정식으로 왜관 설치에 대한 의논이 대

두모표왜관 표지석

두되었다. 종전의 왜관은 이미 부산진성 안에 편입되었기 때문에 두모포(豆毛浦 ; 지금의 수정동)에 새로운 왜관을 짓기로 되었다. 그 착공 시기는 자세히 알 수 없으나 선조 40년 경 완공된 것으로 보인다. 규모는 동서가 126보 남북이 63보로서, 동쪽은 바다와 접하고 남·북·서쪽에는 담이 둘러쳐 있었으며 동문밖에는 좌천이 흐르고 있었다. 그리고 건물로는 중앙에 연향청이 있고, 그 좌우에 동관과 서관이 세워져 있었으며, 남쪽에는 선창이 있었다. 그 후로 여러 차례나 불에 타서 소실되었으며, 그 때마다 조선 조정에서 쌀과 베를 풀어 그들을 구제하는 한편 건물도 다시 지어 주었다. 두모포 왜관은 선조 40년에 설치된 이래 숙종 4년(1678)에 초량으로 이전할 때까지 72년 동안 존속했다.

두모포 왜관은 설치된 지 5년만인 광해군 3년(1611)에 이전문제가 논의되었다. 그 배경은 왜관이 부산성과 너무 가까이 있어 군사 기밀이 누설될 우려가 있기 때문이었다. 그래서 왜관을 다시 절영도에 설치하기로 하였으나, 일본인의 강력한 반대에 부딪혀 흐지부지 되고 말았다. 인조 18년(1640)에는 왜관 쪽에서 이전을 제의해 왔다. 왜관이 너무 협소하여 선박의 출입에 불편한 점, 지형상 방어하기가 곤란하다는 점을 들어 지난번 왜관이 있었던 부산성을 도로 비워 달라고 하였다. 조선 조정은 이를 거절하는 대신 현 왜관을 다소 늘려주고 또 건물을 보수해 주기로 하여 여러 차례 공사를 벌였다. 현종 12년(1671)에는 도쿠가와 막부까지 나서 왜관을 웅천으로 옮겨 줄 것을

초량왜관 표지석

요구하기도 했다. 일본의 여러 차례 요청에도 불구하고 조선의 불허 방침을 고수하자, 마침내 웅천 대신에 다대포나 초량으로라도 옮겨 달라고 간청하였다. 이에 조선 조정에서는 그들에게 선택하도록 하였고, 초량으로 이전하였다(당시 초량은 용두산을 중심으로, 지금의 동광동, 광복동, 대청동, 중앙동일대를 말한다).

숙종 2년(1676)부터 새 왜관이 신축되기 시작했는데, 그 면적은 약 11만평에 이르렀다. 만 2년을 지나 숙종 4년에 이전공사가 끝났는데, 이 공사에는 쌀 9천섬과 은 6천량 이상이 소요되었고 동원된 인원은 50여만으로 주로 경상도와 전라도에서 차출된 사람들이었다.

초량왜관은 강화도조약 체결 때까지 199년간이나 존속된다. 용두산을 사이에 두고 동쪽(지금의 동광동과 광복동)에 있던 것이 동관, 서쪽(지금의 신창동)에 있던 것이 서관이다. 그 중앙에는 연향대청이(지금의 대청동) 자리잡았다. 당시 동관과 서관이 중요한 건물인데, 건물들은 25년마다 한 번씩 조선이 수리를 부담했다. 그 밖에 왜관 내에는 그들의 필요에 의해 많은 건물들이 지을 수 있었다.

왜관의 주위에는 높이 6척, 둘레 1273보의 돌담이 쳐져 있었고, 출입문으로는 수문(守門)을 비롯하여 수문(水門)과 북문(北門)이 있다. 이들 문은 동래부와 부산진에서 파견된 군인들이 여닫으면서 출입을 통제하였다. 그 바깥에는 6군데의 복병막(伏兵幕)을 설치하여 일본인을 감시하는 한편 조선인의 접근을 막았다. 왜관의 관리, 무역 업무, 재판 등은 대마도 도주에 의해 파견된 관수(館守)가 모두 관장했는데, 그의 급료는 조선이 지급했다.

부산에 설치된 왜관은 대일외교와 무역의 전초기지로서 큰 역할을 하였다. 대일무역은 오직 두모포왜관이나 초량왜관에서만 이루어졌다. 왜관을 통한 일본과의 무역에는 이른바 왜관개시(倭館開市)라는 사무역과 일본의 연례송사(年例送使)들이 조선 정부에 진헌(進獻)하는 물품에 대한 회사(回賜)와 공무(公貿) 형식의 공무역이 있었다. 왜관개시는 왜관에서 열리는 정기 사장을 말한다. 광해군 2년(1610)부터 왜관에서는 매월 3일과 8일에 정기적으로 장(場)이 열렸다. 장은 조선 조정의 엄격한 통제와 감시 아래에 열렸는데, 처음에는 표문(標文)을 가진 상인은 누구나 자유롭게 교역할 수 있었다. 그러나 왜관이 초량으로 옮겨진 이후인 숙종 17년(1691)부터는 서울과 지방의 특권 상고(商賈) 30명만을 선정하여 이들에게 호조의 첩문(帖文)을 주어 무역을 독점케 했다. 장이 열리면 상고들은 동래부에서 왜관 출입을 허가하는 패를 받은 다음 왜관의 수문에 이르게 된다. 그리고 훈도(訓導) 별차(別差)와 수세관(收稅官) 개시감관(開市監官) 등이

약조제찰비

이들을 검문하여 입관을 허락했다. 상거래는 개시대청(開市大廳)에서 이루어지는데, 조선 상인이 수입하는 물품은 대개 청나라에 진헌할 은을 비롯하여, 구리·납 등 광물과 일본이 중개하는 단목(丹木)·흑각(黑角)·후추(胡椒) 등이다. 수출하는 물품은 쌀을 비롯한 곡식·면포·인삼·쇠뿔 등이며, 그밖에 조선 상인이 중개하는 중국산 물화도 사갔다. 한편 왜관에는 정기적인 장(場) 이외에 조시(朝市)가 있다. 왜관에서 생활하는 일본인들에게 어물·과일·채소 등 생필품을 공급하기 위해 매일 이른 아침 수문 밖에서 열리는 시장이다. 엄한 통제 속에서 행해졌다.

왜관 무역의 호조에 따라 거액의 부를 축적한 상인들이 나타나게 되었으며, 이 과정에서 일본인을 상대로 밀무역을 행하는 잠상(潛商)도 늘어났다. 이에 조선 정부는 단속을 강화하는 한편 왜관에 대해서도 거래질서를 세우는데 협조하도록 하여, 숙종 9년(1683)에는 5개 조항에 달하는 약조를 정하여 이를 준수할 것에 합의하고 왜관의 경계에 비석을 세워 그 전문을 두루 알렸다. 이것이 약조제찰비(約條制札碑)이다. 그러나 엄중한 금제에도 불구하고 잠상의 활동은 근절되지 않았다. 그 결과 밀수품이 전국적으로 흘러나갔다. 이에 동래부는 검문소를 세워 단속하기도 하였으나 잠상의 밀무역을 막지는 못했다. 이러한 왜관 무역도 영조 23년(1747)을 기점으로 점차 쇠퇴하는데, 일본인들이 왜관에서 조선 상인들로부터 구입하던 중국 제품들을 가까운 나가사키 등지에서 직접 거래하였기 때문이다. 이에 따라 왜관은 중개무역기지로서의 기능을 잃고 말았다.

〈참고문헌〉

국사편찬위원회, 『한국사』 12, 국사편찬위원회, 1981.
부산상공회의소, 『부산경제사』, 부산경제연구원, 1989.
부산시사편찬위원회, 『부산시사』, 부산직할시, 1989.
부산경남역사연구소, 『시민을 위한 부산의 역사』, 늘함께, 1999.
다시로 가즈이지음 · 정성일옮김, 『왜관』, 논형, 2005.
부산은행, 『부산, 역사향기를 찾아서』, 부산은행, 2006.
최연주 외, 『증산마을 이야기』, 부산발전연구원, 2015.
하우봉, 「조선초기 대일사행원의 일본인식」, 『국사관논총』 14, 1990.

6 부산성 사람들의 이야기

16세기 후반에 접어들면서 조선은 양반사회의 이완이 가속화되었다. 건국 후 200여 년 동안 큰 전쟁이 없었기 때문에 무사안일에 빠진 가운데 군역의 의무를 제대로 지키지 않고 포(布)를 납부함으로서 군역을 해결하는 일이 빈번하게 일어났다. 그래서 군력은 오히려 저하되고 사회기강은 해이해져 갔다. 외부의 적들과 전쟁을 경험해 보지 못해 국방체계의 무기력, 군사 훈련의 부재와 무사안일, 그리고 위정자들의 안일한 현실 인식이 팽배해 있었다.

당시 명나라는 북방으로부터 여진 침략과 남으로 왜구 약탈에 시달리는 한편, 대내적으로는 환관 및 고급관리들의 권력 대행과 환관정치로 정치의 혼란이 연속되었다. 이때 만주의 건주여진(建州女眞)에서 누르하치가 일어나 세력을 떨치고 있었다. 일본은 전국 각지의 호족이 할거하여 전국시대가 지속되었다. 호족들은 자신의 영역을 철저히 장악하여 새로운 지배 질서로서 가신과 양민을 통제하고 자신의 영역을 지키기 위해 평지에 성을 쌓았다. 이 시기 유럽인과의 접촉을 통하여 총의 수입 및 보급되었다. 이 같은 혼란기에 통일을 완수한 사람이 바로 풍신수길(豊臣秀吉)이다. 그는 불안을 미연에 방지하고자 검지(檢地), 도수령(刀狩令)과 같은 정책을 실시하였다. 이러한 안정책만으로 통일 후 여러 호족들의 군사력과 불만세력을 용이하게 제거할 수 없었다.

한편 일본의 서부 지방에 사는 주민들이 우리나라와 명나라에까지 침입해 노략질하면서 국제 관계가 순탄치 못하였다. 왜구의 노략질은 풍신수길이 전국시대를 통일할 때까지 계속되었다. 명종 10년(1555) 왜구가 전라남도 강진 · 진도 일대에 침입해 약탈과 노략질하였는데 이를 을묘왜변이라 한다. 당시 왜구의 약탈 가운데 규모가 큰 것이었다. 풍신수길은 국내 통일을 완수한 이후 대마도주를 통해 조선에 정명가도(征明假道) 또는 가도입명(假道入明)을 요청해 오자 이를 거절하였다. 이 때 조정에서는 일본에 통신사를 파견하여 적정(敵情)을 살폈으나, 황윤길(黃允吉)과 김성일(金誠一)의 엇갈린 복명으로 효과적 대응책을 마련하지 못하였다.

당시 일본의 국내 정치 불안을 해소하기 위하여 풍신수길은 조선 침략 계획하였고, 선조 25년(1592)에 마침내 침략을 단행하였다. 당시 일본군 편성은 1번대~16번대(육군 기준)과 번외(1번대)외 기본(旗本 ; 풍신수길 친위대) 등 총 18번대로 구성하였다. 수군은 어촌 100호당 10명씩 차출하였고, 선박은 직할령에서 100,000석(石)당 대선 3척, 중선 5척을 각각 차출하였다. 그리고 동해안 구주, 연변, 중국 지방의 직영 영주는 100,000석(石)당 대선 2척을 징발하였다. 총 281,840명으로 수군은 9,000명이며, 이 중 총9군 158,700명의 수륙동원군을 파병하였다. 제1군은 소서행장(小西行長) 이하 6장수 18,700명, 제2군은 가등청정(加藤淸正) 이하 3장수 22,800명, 제3군은 흑전장정(黑田長政) 이하 2장수 11,000명, 제4군은 모리길성(毛利吉成) 이하 6장수 14,000명, 제5군은 복전정칙(福田正則) 이하 6장수 25,000명, 제6군은 소한천융경(小旱川隆景) 이하 5장수 15,700명, 제7군은 모리휘원(毛利輝元) 이하 1장수 30,000명, 제8군은 우희다수가(宇喜多秀家) 이하 1장수 10,000명, 제9군은 우영수등(羽榮秀藤) 이하 2장수 11,500명 등으로 편성하였다.

조선 침공의 위한 조직을 정비 후 선발조는 3월 상순 구주의 나고야(名古屋)을 떠나, 이끼섬을 거쳐 13일 대마도 주둔하였다. 이때 소서행장의 사위인 대마도 도주 종의지(宗義智) 군사 5천명이 합류하였고, 약 1개월간 작전준비 완료하였다. 해상호전을 기다렸다가, 4월 13일에 소서행장, 종의지, 송포진신(松浦鎭信) 등이 거느린 제1진 18,700명이 700여척의 병선에 나누어 타고 부산 앞 바다에 밀어닥쳤다. 마침내 임진왜란이 시작된 것이다.

4월 14일 새벽 영도 앞바다에서 정박한 후 부산진에 이르러 또 다시 정명가도를 요구하였으나 아무런 반응을 얻지 못하였다. 곧 부산에 상륙하여 부산진성을 첫번째로 공격하였다. 이 때 부산첨사 정발(鄭撥)은 절영도에 있다가 이를 보고 급히 진영으로 돌아와 대적하였으나 적의 기세를 감당할 수가 없어 성을 굳게 지키는 한편 이웃의 여러 진(鎭)에 구원을 요청했다. 정발은 성안의 군사를 독려하여 대항하였으나 정오경에 성이 마침내 함락되고 정발은 전사하고 말았다. 부산성을 함락시킨 적은 서평포(西平浦)와 다대포(多大浦)도 함락시키니, 다대첨사 윤흥신(尹興信)도 전사했다. 이에 적은 승세를 타고 동래성으로 진격하게 되었다. 당시 경상좌수사 박홍(朴泓)은 정발의 전사소식을 듣고는 수영을 버리고 달아났으며, 경상좌병사 이각(李珏)은 겁을 먹은 체 소산역(蘇山驛)에 퇴진하여 적과 맞서 싸우지 않았다.

15일에 동래부사 송상현(宋象賢)은 동래성을 지키면서 대적하였다. 일본군이 정명가도를 거듭 요구하면서 '정명가도(征明假道)', '전즉전의(戰則戰矣) 불전적가도(不戰則假道)'라 하자, 송상현부사는 '전사이(戰死易) 가도난(假道難)'이라 응대하면서 맞섰다. 그러나 성은 함락되었고 송상현부사와 양산군수 조영규(趙英圭), 조방장 홍충관(洪充寬), 교수 노개방(盧蓋邦) 등은 최후까지 항전하다가 모두 전사하였다.

동래성을 무너뜨린 다음 소서행장, 송의지 등은 16일에 좌수영마저 점령했다. 이와 같이 순식간에 부산과 동래를 짓밟은 왜적은 뒤이어 부산으로 상륙한 군사와 더불어 3로(路)로 나누었다. 당시 일본의 진격루트를 정리해 보면 중로는 동래→양산→밀양→청도→대구→선산→상주→조령으로, 좌로는 동래→기장→울산→경주→영천→군위→의성→문경→조령으로 각각 진격하여 중로와 좌로는 충주 집결하였다. 그리고 다시 중로는 여주→한양으로, 좌로는 용인→한양으로 진격하였다. 한편 우로는 동래→김해→성주→추풍령→영동

→청주→경기도에 도착하도록 되어 있었다. 각각 소서행장, 가등청정, 흑전장정 등이 이들을 이끌고 북상하게 되자 이에 놀란 조정은 신립(申砬)을 충주로 급파하여 대적케 하였다. 그러나 신립은 충주 탄금대에서 패하고 말았으며, 이어 5월 2일에는 서울이 함락되기에 이르렀다.

부산포는 임진왜란 당시 부산첨사 정발장군이 일본군과 첫 교전을 펼쳤던 곳으로, 첫 교전지이자 패전지이기도 하다. 그와 부산포 사람들의 한(恨)이 서려 있다. 부산성 전투를 되짚어 보기로 하자. 4월 14일 새벽 부산 영도 앞바다에서 정박한 후 아침에 첫 번째로 부산진성 공격하였다. 『선조실록』에는 다음과 같이 묘사되어 있다.

> 우리나라에서 대의(大義)로 매우 준엄하게 거절하자, 적은 드디어 온 나라의 군사를 총동원하여 현소 평행장(平行長) 평청정(平淸正) 평의지(平義智) 등을 장수로 삼아 대대적으로 침입해 왔다. 적선(賊船)이 바다를 덮어오니 부산 첨사 정발은 마침 절영도(絶影島)에서 사냥을 하다가, 조공하러 오는 왜(倭)라 여기고 대비하지 않았다. 곧 진(鎭)에 돌아오기도 전에 적이 이미 성에 올랐다. 정발은 전투 중에 전사했다. 이튿날 동래부(東萊府)가 함락되고 부사(府使) 송상현(宋象賢)이 죽었으며, 그의 첩(妾)도 죽었다. 적은 드디어 두 갈래로 나누어 진격하여 김해(金海) 밀양(密陽) 등 부(府)를 함락하였는데, 병사 이각(李珏)은 군사를 거느리고 먼저 달아났다. 2백 년 동안 전쟁을 모르고 지낸 백성들이라 각 군현들이 풍문만 듣고도 놀라 무너졌다.(권26, 선조 25년 4월 13일)

『선조실록』에는 부산성 전투에 대해 부산첨사 정발이 적절하게 대응하지 못한 채 전사한 것으로 서술하고 있다. 인조반정 이후 새로이 집권한 서인(西人)세력들이 수정 편찬한 『선조수정실록』에는 부산성 전투에 대해 구체적으로 서술하고 있다.

> 14일 왜적이 크게 군사를 일으켜 침략해 와서 부산진을 함락시켰는데 첨사 정발이 전사하고, 이어 동래부가 함락되면서 부사 송상현도 전사하였다. 평수길이 우리나라가 그들에게 명나라를 공격하는 길을 빌려주지 않는다는 이유로 마침내 여러 섬의 군사 20만을 징발하여 직접 거느리고 일기도까지 이르러 평수가(平秀家) 등 36명의 장수에게 나누어 거느리게 하고, 대마도주 평의지(平義智)와 평조신(平調信) 행장(行長) 현소(玄蘇)를 향도로 삼아 4 5만 척의 배로 바다를 뒤덮고 와 이 달 13일 새벽 안개를 틈타 바다를 건너왔다. 부산에서 망을 보던 관리가 처음에 먼저 온 4백여 척을 보고 주진(主鎭)에 전보(轉報)하였는데, 변장(邊將)이 단지 처음 보고받은 것을 근거로 이를 실제 수효로 여겼다. 그리하여 병사가 장계하기를 '적의 배가 4백 척이 채 못되는데 한 척에 실은 인원이 수십 명에 불과하니 그 대략을 계산하면 약 만 명쯤 될 것이다.'고 하였으므로, 조정에서도 그렇게 여겼다. 부산 첨사 정발은 절영도에 사냥하러 갔다가 급히 돌아와 성에 들어갔는데 전선(戰船)은 구멍을 뚫어 가라앉히게 하고 군사와 백성들을 모두 거느리고 성가퀴를 지켰다. 이튿날 새벽에 적이 성을 백겹으로 에워싸고 서쪽 성 밖의 높은 곳에 올라가 포(砲)를 비오듯 쏘아대었다. 정발이 서문(西門)을 지키면서 한참 동안 대항하여 싸웠는데 적의 무리가 화살에 맞아 죽은 자가 매우 많았다. 그러나 정발이 화살이 다 떨어져 적의 탄환에 맞아 전사하자 성이 마침내 함락되었다.(권26, 선조 25년 4월 14일)

『선조실록』에는 부산첨사 정발이 아무런 조치를 취하지 않고, 전투 중에 전사한 것으로 서술한 반면, 『선조수정실록』에는 일본군이 상륙하자 절영도에 있던 정발이 급히 부산성에 돌아와 앞바다에 정박 중인 전선(戰船)에 구멍을 뚫어 가라앉혀 상륙을 저지한 것으로 서술하였다.

두 사료를 재구성하면 4월 13일 새벽에 일본군이 부산 앞바다에 나타나자, 절영도에 사냥하러 갔던 정발장군은 부산성에 급히 귀환하였다. 곧 일본군의 상륙 시도를 저지하기 위해 전선에 구멍을 뚫어 성 앞바다에 가라앉혔다. 그리고 부산성과 주변의 군사와 백성들을 동원하여 전투태세를 갖추었다. 14일 새벽에 일본군이 전면적 공격을 개시하자 치열한 공방전이 전개되었으나, 정오 무렵 부산성은 결국 함락되고 말았다. 그런데 왜 일본군은 하루 지난 다음날 부산성을 공격하였을까. 이는 정발장군이 13일 새벽에 전선에 구멍을 뚫어 부산성 앞바다에 수장시킨 것과 밀접한 연관이 있을 것이다. 전선을 수장시킨 것은 상륙하는 일본군을 저지시키기 위한 것이며, 그들과 1차 교전을 대비한 것이라 할 수 있다. 1차 저지선의 구축이었던 것이다. 일본군이 바다에 가라앉은 전선을 치우면서 부산성을 공격하기에 무리가 있었고, 여기에 정발장군의 신속하고도 기민한 대응에 따라 일본군은 많은 부담을 가지게 되었을 것이다. 그래서 소서행장도 섣불리 공격할 수 없었을 것이다.

정발장군이 주둔했던 부산성은 둘레 1,689척, 높이 13척으로 성종

21년(1490)에 축조되었다. 대규모 성이 아니지만 지형적 특성 상 천혜의 요새와 다름없었던 것 같다. 부산 앞바다와 부산성의 거리가 어느 정도인지 정확하게 알 수 없으나, 해안선과 부산성 사이는 매우 좁았을 것으로 추정된다. 그래서 정발장군에 의해 수장된 전선이 장애가 되면서 천혜의 요새와 같은 성(城)이 되었을 것이다.

일본군은 14일 아침 지금의 남구 우암동 부근에 상륙하여 곧 바로 부산성을 공격했다. 부산성은 조선 수군 첨절사의 4개 진영 중 경상도 제 1의 해상관문으로 일본군들이 조선에 상륙할 때 반드시 거쳐야하는 관문이었다. 부산에 상륙한 일본군은 왜관(倭館)에 거주하고 있는 일본인과 합세하여 조선의 내륙으로 진격해 왔을 것이다. 당시 왜관에 거주하고 있던 일본인들은 조선 내 허용된 거주지에서 무역활동을 하면서 부산 지리에 어느 정도 익숙하였을 것이다. 앞서『선조실록』등 두 기록에는 14일 새벽에 상륙하여 부산성을 수 백 겹으로 에워싸고 공격했다고 한다. 일본군이 수백 겹으로 에워싼 이유는 부산성의 약점과도 관련이 깊을 것이다. 즉 부산성의 최대 약점은 바닷가가 성벽이 아니라 성벽과 자연지형물이 연결되는 곳을 집중 공략하기 위함으로 추정된다. 즉『선조수정실록』에 '새벽에 적이 성을 백겹으로 에워싸고 서쪽 성 밖의 높은 곳에 올라가 포(砲)를 비오듯 쏘아대었다'라고 한 것에서 일본군이 여기를 집중 공략하였음을 알 수 있다. 부산성의 서쪽과 맞닿은 산악지대의 방비가 허술했던 것으로 보이는데, 이는 조선식 성(城)이 가지고 있는 최대의 약점이기도 한 부분이다.

당시 부산성에는 얼마의 군관민이 맞서 싸웠는지는 알 수 없으나, 당시 부산진에는 300여 호가 있었던 것으로 기록되어 있다. 그렇다면 군관민 모두 합해 1,000여 명 정도로 추정되는데, 1만8천명의 일본군을 상대하는 것은 한마디로 중과부적(衆寡不敵)이었을 것이다. 당시 참전한 일본인의 전쟁기록인『길야일기』에 '성 중의 군대는 물론 부녀자와 아이, 심지어 개고양이 한 마리 없이 모두 죽었다'고 기록하고 있어 당시의 참혹상을 미루어 짐작할 수 있다.

옛 기록에 정발은 최후의 일각까지 적을 공격하여 희생자가 많아 당시 일본군이 서로 경계하면서 말하기를 '저 흑의(黑衣)장군 가까이

정공단(鄭公壇)

가지 말라'고 한 것에서 정발의 위엄을 충분히 짐작할 수 있다. 그는 수백 척의 적선이 바다를 덮고 있고, 총탄이 비 오듯 하자 적의 기세를 감당할 수가 없음을 알고도 성을 굳게 지켰다. 『선조수정실록』에서 '적의 무리가 화살에 맞아 죽은 자가 매우 많았다'고 한 것에서 확인할 수 있다. 성안의 군사를 독려하여 결사항전으로 대항하였으나 정발장군은 성의 서문에서 전사한 것으로 추정된다.

정발장군이 '이 성의 귀신이 되겠노라'는 말 한마디를 남기고 40세 나이에 숨을 거두었다. 그 한(恨)을 짐작하고도 남음이 있다. 정발장군과 부산성을 지키려던 백성들의 넋을 위로하기 위해 1766년 부산진 첨사 이광국(李光國)이 부산진성 남문 바깥에 정공단(鄭公壇)을 설치하여 매년 음력 4월 14일에 제사를 모시고 있다.

임진왜란을 겪은 후 동래의 국방상 비중이 제고되자 군사시설이 많이 보강되고 경비태세가 더욱 강화되었다. 효종 6년(1655)에는, 종래의 경주진관(慶州鎭管)의 여러 진(鎭)가운데 하나이었던 동래진이 단독 진으로 승격되어 양산군과 기장현 소속의 군사까지 통합 지휘하였다. 숙종 16년(1690)에는 동래에 종2품의 방어사를 두어 부사를 겸무케 했으나 2년 뒤 폐지되었고, 영조 15년(1739)에는 부사가 동래수성장을 겸하여 독진의 군사를 지휘하였다. 한편 좌수영은 본래 감만이포(戡蛮夷浦)에 있었는데, 태종 때 울산 개운포로 옮겼다가 선조 25년(1592)에 동래의 남촌으로 다시 옮겼다. 인조 13년(1635)에 다시 감만이포로 옮겼으나 왜관이 인접해 있어 기밀 누설이 우려되어 효종 23년(1652)에 다시 동래 남촌으로 옮겼다. 고종 32년 수영이 폐지될 때까지 존속하였다. 좌수영에는 무관 정3품의 수군절도사가 있었고, 그 부관으로서 정4품의 우후(虞候)를 비롯한 관원과 관노비가 수사의 공사생활에 사역되었다. 수영의 사무 또한 6조를 모방한 6방으로 편성되어 각기 사무를 분담하였으며, 우후는 따로 우후아문(虞候衙門)을 갖고 있었다.

임진왜란 후 경상좌수영 관내에는 부산포영, 다대포영 등 2개의

자성대 공원의 천만리 장군의 비

첨사영과 서평포 · 두모포 · 서생포 등 8개의 만호영이 남게 되었다. 그 후 일본의 침략에 대비하여 각 지방의 만호영을 거의 다 부산지역으로 옮겨와, 경상 좌수영 관하의 전 병력은 사실상 부산에 집결하게 되었다. 부산 첨사영은 현재의 자성대 주변 범일동에 있었는데, 정3품의 무관인 수군 첨절제사(첨사)가 수장(守將)이다. 첨사 아래 군관 36명, 진리(鎭吏) 30명 등의 관원이 있고, 전투장비로서는 전선 2척, 병선 2척, 거북선 1척, 사후선 4척이 있었고, 전선의 부속 병사는 2,333명이다. 다대 첨사영은 무관 정3품이 첨사로서 감목관(監牧官)을 겸하고 있다. 전투장비는 부산 첨사영과 같고 전선의 부속 병사는 2,202명이다.

임진왜란과 정유재란이라는 전대미문의 7년 전쟁이 마무리된 후 부산성 성문 밖에 '남요인후(南徼咽喉) 서문쇄약(西門鎖鑰)'이라는 비석을 세웠다. 풀이하면 이 곳은 나라의 목에 해당하는 남쪽 국경이요, 서문은 나라의 자물쇠와 같다. 이 비석을 통해 부산성을 지키는 것이 곧 조선을 지키는 것임을 다시 한번 새겨 본다.

〈참고문헌〉

김의환, 『부산의 고적과 유물』, 안용복장군기념사업회, 1969.

박원표, 『부산변천기』, 태화문화사, 1970.

국사편찬위원회, 『한국사』 12, 국사편찬위원회, 1981.

부산상공회의소, 『부산경제사』, 부산경제연구원, 1989.

부산시사편찬위원회, 『부산시사』, 부산직할시, 1989.

부산경남역사연구소, 『시민을 위한 부산의 역사』, 늘함께, 1999.

최해군, 『부산7000년, 그 영욕의 발자취』, 부산을 가꾸는 모임, 1996.

김당택, 『한국 대외교류의 역사』, 일조각, 2009.

부산 동구 범일2동 주민센터, 『동구이야기』, 부산포, 2015.

최연주 외, 『증산마을 이야기』, 부산발전연구원, 2015.

7 개항과 부산의 변화

19세기를 가리켜 제국주의 시대라고 한다. 영국, 프랑스, 미국 등 구미 자본주의 열강들은 제국주의 정책을 표방하며 경쟁적으로 식민지 획득에 나서 동아시아에 대한 침략을 강화시켜 나갔다.

조선의 19세기는 세도정치(勢道政治)의 모순이 심화되는 시기이었다. 1801년에 순조가 즉위함에 따라 정권을 장악한 외척 안동김씨 세력은 국제 정세의 변화에 둔감한 체 오로지 자신들의 정권유지에만 골몰하였다. 그 결과 온갖 부정부패가 만연하고, 지방에 대한 통제력도 약화되었다. 대다수 지방농민은 삼정(三政) 문란 속에서 지방관의 탐학에 시달리게 되었다. 결국 민란의 시대를 만들어 나갔던 것이다.

1863년 고종의 즉위와 더불어 정권을 잡은 흥선대원군은 외척세력을 척결한 다음 봉건적 중앙집권을 강화하고 해이된 제도와 질서를 다시 정비하기 위한 대개혁에 착수하게 된다. 그는 안으로 왕권회복을 위한 정책으로서 경복궁 재건, 비변사 폐지, 서원 철폐 및 국방력의 강화에 주력하였다. 밖으로는 자주권의 확립을 위한 쇄국정책을 고수하는 가운데 고종 3년(1866)에는 천주교도에 대한 박해[병인사옥]를 가함으로서 병인양요를 초래하게 되었고, 다시 8년에는 지난 고종 3년에 있었던 미국상선 제너럴 셔먼(General Sherman)호 소각사건으로 인해 미국과 신미양요를 치루었다. 이러한 사건을 계기로 쇄국정책은 더욱 확고해 졌다. 이러한 정책은 서양 제국주의의 침략으로부터 나라를 지키고 전통문화를 수호하려는 것이었지만, 결과적으로는 시대적 조류에 역행하는 정책으로서 그 후 큰 대가를 치루게 되었다.

18세기 중엽 이후 청나라는 무역항으로 광동(廣東)항 하나만을 개방해 두고, 조공무역의 차원에서 유럽과의 무역을 행해나갔다. 영국은 주로 모직물 및 동인도회사에서 생산되는 면직물을 중국에 수출하고, 중국으로부터는 차와 비단 등을 수입하였다. 수출에 비해 수입이 과다함에 따라 해마다 막대한 은이 그 대금으로 중국에 들어갔다. 이를 역전시키기 위해 영국은 인도산 아편을 중국에 수출하는 것을 생각하였다. 청나라가 영국상인 소유의 아편을 몰수 소각함으로시, 1840년에 아편전쟁이 터지게 되었다. 그 결과 1842년 중국은 굴복하여 남경조약(南京條約)의 체결하였다. 조약에 따라 홍콩을 빼앗겼으며 그밖에 상해·영파·하문·복주 등 항구가 개방되었다.

한편 1853년 미국의 동인도 함대 사령관 페리(Perry)는 4척의 군함을 끌고 일본 동경만 앞바다에서 미국의 국서를 접수하라고 요구했다. 이듬해 페리는 다시 7척의 군함을 끌고 와서 회답을 요구하자

막부는 마침내 굴복하여 불평등 조약임에도 불구하고 가나가와 조약[神奈川條約]을 체결함으로서 개항하였다. 개항은 결과적으로 막부의 붕괴를 초래하였다. 개항에 대한 논의가 진행되는 동안 왕정복고의 기운이 크게 일어 내란에 휩싸이게 되었다. 결국 막부정치가 종말을 고하고, 1868년에 메이지유신[明治維新]을 이루게 되었고, 급속히 근대화를 추진시켰다.

일본 정부는 관례에 따라 대마도 도주를 통하여 조선정부에 명치유신을 통고하고자 했다. 이에 도주는 사신을 보내기에 앞서 1868년 11월에 가신을 먼저 파견했다. 부산에 온 선문사(先問使)는 서계(書契)를 훈도(訓導) 안동준에게 제시하고 곧 대차사가 올 것을 알렸다. 서계는 종전에 행해오던 규례에 크게 어긋나는 것이었다. 그리고 서계에 황실(皇室), 봉칙(奉勅) 등의 용어가 들어 있고 도서(図書)도 조선에서 준 것이 아닌 주인(鑄印)을 사용했다. 이 때문에 서계는 접수가 거부되었다. 그해 12월에는 국서사가 왜관으로 들어와 접대를 요구하자 동래부사 정현덕은 그 사실을 중앙정부에 보고하는 한편 다시 국서의 접수거부 및 그들의 철수를 강력히 통고했다. 조선정부의 국서 접수거부 조치는 명치유신 이래 일본 국내의 정한론(征韓論)을 더욱 확산시키게 되었다. 사실 그러한 국서를 보내도록 한 것부터가 강경한 정한론자들로 구성된 당시 일본외무성의 구실을 잡기 위한 계략이었다. 1872년부터는 일본 군함의 시위가 잦아졌다. 이 해 9월에는 일본은 군함 2척을 보내 부산 근해를 불법적으로 측량하는 한편 일방적으로 왜관을 일본 외무성이 접수하여 관리하려 하였다. 이듬해 동경 상인들을 대마도 상인으로 가장시켜 부산에 진출시켰다.

1873년 12월에 대원군이 하야하고 민씨 일족이 정권을 잡게 되자 한일 관계는 새로운 국면에 돌입한다. 이 때 일본은 부산을 거점으로 무력시위를 증대시켜 나갔다. 1875년에는 일본군함 2척이 부산에 들어와 공포 분위기를 연출했고, 이 해 9월에는 계획된 운양호(雲揚号) 사건을 일으켰던 것이다.

1876년 2월 일본정부는 이른바 운양호 포격사건에 대한 책임을 묻는다는 구실로, 7척의 군함을 끌고 강화도에서 조약 체결을 강요했다. 이에 「병자수호조약(丙子修好條約)」을 체결하였다. 강화도 조약은 전문 12개조로 되어 있는데 그 중요한 내용은, 조선은 제1조 자주국으로 일본과 동등한 권리를 보유한다. 제4조 부산과 인천, 원산 2개의 항구를 개항한다. 제7조 일본은 조선의 영해를 자유로이 측정할 수 있다. 제10조 일본인이 조선에서 범죄를 저질렀을 때는 일본관헌이 이를 심판한다 등이다.

강화도 조약은 조선이 처음으로 외국과 체결한 근대적 조약이지만 불평등 조약 그 자체이었다. 부국강병의 정책적 기반 조성은 외면한 체, 오직 권력의 확보에 급급한 민씨정권이 서둘러 일본의 요구에 굴복한 때문이었다. 마침내 일본은 조선에 대한 정치, 경제, 사회적 침략의 발판을 마련하게 되었다.

1876년 8월에는 강화도조약에 따라 조일수호조규부록(朝日修好條

規附錄)과 조일무역장정규칙(朝日貿易章程規則)이 체결되었는데, 일본인의 개항장에서의 통행거리 설정(사방 10리), 개항장에서의 일본화폐 사용, 일본 선박의 항세 면제, 개항장에서의 양곡 수출입허가 등이 약정되었다. 특히 1882년 8월과 체결된 제물포조약과 더불어 조인된 조일수호조규속약(朝日修好條規續約)에는 원산, 부산, 인천 각 항구에서의 간행리정(間行里程)을 본래 사방 10리였던 것을 50리로 확장하고 2년 후부터는 다시 이를 각 100리로 확장한다고 규정하였다. 이로써 일본 상인들을 비롯한 외국상인들의 상업 활동은 그만큼 자유롭게 되었다. 일본의 대한무역의 독점기에 이어 영사재판권, 일본화폐 유통권, 무관세의 불평등한 특권과 금융적 뒷받침, 조선연안과 개항지에의 일본군함 순찰과 시위를 배경으로 조선에 대한 경제침략의 우월적 지위를 확보하였다.

같은 해 10월 일본정부는 부산 주재 관리관과 동래부사 사이에 '부산일본전관거류지(釜山日本專管居留地)' 설정 문제를 협의하였다. 그 결과 왜관의 수문(守門)과 설문(設門)이 철거되었다. 개항 당시 부산의 외교 통상 사무는 동래부사가 관장했는데, 1876년 12월부터는 서울에서 파견된 변찰관(辨察官)이 변찰소를 개설하여 상주하면서 동래부사와 협의 처리해 나갔다. 업무량의 증가하지 1883년에는 감리(監理)를 두게 되었으며 부산해관도 설치되었다. 그 밖에 왜관의 시설보수 등에 대한 일본의 요구가 거의 수용되었다. 1877년 1월에는 '부산구조계조약(釜山口租界條約)'이 체결되어 부산의 일본전관 거류지는 일

구)백제병원

본의 영토화되고 말았다. 1890년부터는 독립관서로서 감리서가 설치되어 사무를 전담하였으나, 1895년에는 일시 폐지되고 그 사무가 동래부에 인계되었다. 그러나 1896년에 감리서를 다시 설치하였다.

한편 일본은 그들의 거류지를 발판으로 그들의 활동범위를 점차 넓혀 나갔다. 1876년의 「조일수호조규부록(朝日修好條規附錄)」에서 자유왕래 리정(里程)을 부산진까지 확보하였다. 1884년에는 동은 남창, 북은 언양, 서는 창원 마산, 남은 천성도(가덕도)까지 넓혔다.

개항 초기의 무역은 소위 전관거류지무역으로서 법규상 외국상인은 조계 밖으로 벗어나지 못하였으므로 주로 조계지와 그 주변에서 객주를 중심으로 한 조선인과 약간의 거래를 하는 것이었다. 유통구조는 크게 두 유형이 있었는데, 첫 번째는 산지·포구 객주→중매곡물상→개항장 객주→거류지 일본 무역상으로 이어지는 구조였다. 두 번째는 일본상인이 내지(內地) 행상을 통하여 개항장 객주를 배제하고 내지·포구 객주와 접촉하는 구조였다.

개항 전의 유통부문에서 객주가 수행한 임무는 증대하였고, 개항 후에 외국무역이 활발해 짐에 따라 그 활동분야는 더욱 확대되었다. 외국 무역이 시작되는 초기에는 수출화물의 모집, 수입화물의 도산매(都散賣)에서 객주(客主)·여각(旅閣)은 필수 불가결한 존재였다. 개항 초 외국상인은 한국사정에 어두워 이들 객주의 힘을 빌리지 않고는 화물의 구입 및 판매의 길을 찾기 어려웠다. 객주업자는 그 밑에 거간(居間)을 두고 각종 정보를 수집하여 지방 각처에 상업망을 펼치고 있었다. 객주는 또 소매상에게 물품을 공급하면서 무역품 판매의 실권을 갖고 있었다.

그러나 객주·여각의 실권도 오래 유지되지는 못했는데 그 이유는 근대적 금융기관의 발달, 교통시설의 확충 등으로 일반상인 및 무역상은 이를 이용함으로써 객주의 중요성이 감소되었다. 또 외국무역의 증대와 더불어 외국상인이 다수 한국 내에 진출하여 그들이 직접 한국인 거간을 두고 객주업을 시작함으로써 한국인 객주의 활동범위가 축소되었다는 점을 들 수 있다. 마지막으로 우리나라 객주업자는 자본 부족에 의해 독립성을 점차 상실하게 되었다.

객주·여각은 개항 전 우리나라 항만지역의 중요한 상거래기관이었으며 개항 직후 한동안 무역품을 도매하였다. 그러나 일본인 상인 진출로 점차 그 상권을 침식당하고 늑약조약 당시에는 겨우 토산물의 모집분야에서 활로를 개척하면서 그 명맥을 유지해 왔다.

부산지역의 객주들의 활동을 살펴보면, 당시 부산객주상업회사(釜山客主商業會社)의 사원으로 볼 수 있는 부산 객주들의 분포는 부산, 초량, 영도, 부평, 하단, 엄궁 등의 7개 지역이다. 당시 부산은 아니지만 구포에는 많은 객주가 결집하여 지역적인 상권을 형성하고 제각기 품종이 다른 물산과 거래처를 갖고 활동하고 있었다. 1890년 기록으로 본다면 부산항을 중심으로 160명의 객주를 헤아리고 있으며, 1889년에 영업세를 부과한 부산항의 객주가 44인이다. 부산항의 객주는 특정 상품에 대한 독점권을 행사하는 경우도 있었으나, 대부

일제강점기 상품진열관 표지석

분 특정 지역의 상인들과의 거래를 독점하는 것이 일반적이었다고 볼 수 있다.

개항 후 1890년대 초에 이르기까지 정부직속의 공장이 여러 곳에 세워졌으나 민간에서 근대 공장을 설립하는 예는 극히 드물었다. 우리나라의 상인들이 서구의 회사제도를 본 따 기업회사를 설립한 것은 1880년대 초부터였다. 1890년대 후반기에 들어서면서 상인들의 근대공업에 대한 관심이 높아지고 서구의 기술을 도입해서 공장을 설립하는 사람이 날로 늘어갔다. 이 시기의 공장들은 자본의 부족으로 수공업을 겨우 면할 정도의 것도 많았으나 민간공업의 발생이라는 점에서 한국의 근대공업사상 획기적인 시기라고 할 수 있다.

상회사는 비교적 규모가 큰 합자회사가 있었는가 하면 몇 사람이 공동 출자한 소규모의 상회나 개인이 단독으로 경영하는 상회들도 전국 각지에서 설립되었다. 종래적인 상업체제 즉 시전·공인·객주·여각 등에 의한 유통구조를 대신한 이와 같은 상회사들은 갑오개혁이전에도 이미 40여개가 설립되었다.

개항 이래 외국 상품의 수입이 점차 확대되면서 일본인들은 상품판매를 원활히 하기 위해 창고를 건립하였다. 이에 자극을 받은 객주·여각 가운데 전업적인 창고업자로 전향하는 자가 나타나기 시작하였다. 이들 창고업자들은 국내 상품은 물론 외국인 상품도 점차 취급하게 되었는데 그 대표적인 예가 부산항의 보험회사이다.

부산은 개항 직후인 1883년부터 일정규모의 공장이 설립된 것은 다른 지역에서도 볼 수 없는 특징이다. 이 공장 창립의 주체는 전적으로 아주 일본인으로 조선인에 의한 공장설립은 거의 찾아보기 어렵다. 시기별로 볼 때 일제의 조선 침략이 본격화되는 러일전쟁 이후 일본인에 의한 공장설립이 증가하여 계속 해마다 10여개에서 20여개의 공장이 설립되고 있다. 업종분포를 보면 식료품과 기계기구가 주류를 이룬다. 식료품 중에서도 청주, 장유, 미증(조미료), 어묵 제조업과 정미업이 대부분이다. 기계 기구는 조선이 주류를 이루는데, 조선인공장은 거의 전부가 소영업 단계의 공장이었다.

1919년에 부산에는 약 40개의 회사가 존재하였는데, 회사 형태로는 주식회사가 과반수 이상을 차지하였다. 이중 대기업의 경우는 대개 1917년 이후에 등장하였는데, 신설 대기업은 대부분 무역 내지 상업과 관련된 유통부문의 회사들이다. 민족별로 보면 일본인이 지배적이었다. 1916년말 현재 부산에 존재한 회사 31개중 조선인 설립회사는 단지 4개사 뿐으로 당시의 사정을 단적으로 보여준다.

개항 후의 민족자본의 활동을 보면 대일무역만 보더라도 그 이전의 왜관무역과 다른 양상으로 전개되었다. 첫째 무역액의 격증, 둘째 무역품 내용의 변화, 셋째 일본상인의 대거진출, 넷째 민족상인의 대응자세의 변화를 들 수 있다. 한말~1910년 중반 부산항의 경제를 담당한 조선인의 주체는 객주상인이었다. 한말까지는 일본상인은 지방으로부터 온 조선상인과 직접 매매를 하지 못하고 반드시 객주의 알선을 받아 매매하는 것이 관례였다. 조선인 상업의 주요 품

목은 곡물, 명태어, 식염, 제지, 돗자리, 식기, 포면(布綿), 잡화 등이다. 조선인은 상설점포를 설치하지 않고 주로 정기시장이나 상설시장에 모여 거래하였으나 일정한 점포를 설치하여 판매하는 자도 있었다.

이러한 변화에 대응한 혁신운동의 결과가 1880년대부터 민족자본에 의한 상사 회사 및 근대 기업회사로서 각 산업부문에 걸쳐 태동하기 시작하여 1890년대 후반기에 접어들면서부터 크게 활기를 띠게 되었다. 그러나 대세는 이미 기울어져 민족상인들이 민족적 경제자립을 열렬하게 희구하였음에도 불구하고 결국 일본에 병합되고 만 것이다.

개항 이후 부산에 이주한 전국 각지의 상인들이 일본인들의 상업활동에 자극을 받아 민족적 자각을 불러 일으켰다. 1899년 일본상인과 일본상법회의소에 대항하는 결사로서 객주들이 중심이 되어 객주상법회의와 1895년 상무회의소를 각각 설립하였다. 토착자본이 경제적·정치적 영향력을 나타낼 만한 조건을 갖추지 못한 단계에서 외세의 강요에 의해 문호가 개방됨으로써 보호 무역주의와 선진 기술 도입에 의한 국내 산업의 자본주의화는 불가능했고, 외국상품의 무제한적인 침입과 국내 원자재의 역시 무제한 유출을 방치할 수 밖에 없었다. 외국상품의 무제한적인 침투 앞에서 국내의 수공업 생산구조는 공장제로 발전하지 못한 채 점점 무너져 갔다.

쌀·콩 등 농민 생산품을 개항장의 외국상인에게 모아주는 과정에서 개항 전의 유통구조에서보다 더 높은 이윤을 얻을 수 있었다. 이를 통해 어느 정도의 부를 축적할 수 있었으며, 극히 일부는 산업자본으로 전환될 조짐도 보였다. 그러나 주체에 서 있는 정부에 의한 정책적 보호를 거의 받을 수 없었던 조건 아래서 외국 자본에 대항하여 성장하기보다 예속되거나 몰락하는 길을 걷지 않을 수 없었다.

〈참고문헌〉

박원표, 『부산변천기』, 아성출판사, 1969.

한우근, 『한국개항기의 상업연구』, 일조각, 1976.

강만길, 『한국근대사』, 창작과 비평사, 1985.

박수이, 『한국무역의 이해』, 경성대출판부, 1993.

부산상공회의소, 『부산경제사』, 부산경제연구원, 1989.

부산시사편찬위원회, 『부산시사』, 부산시, 1991.

한상권, 「18세기말~19세기초의 장시발달에 대한 기초 연구」『한국사론』 7, 서울대, 1981.

김용욱, 「근대 개항기의 부산행정」『항도부산』 11, 1994.

최창환, 「부산의 도시개발 변모에 관한 연구」『항도부산』11, 1994.

홍순권, 「근대 개항기 부산의 무역과 상업」『항도부산』 11, 1994.

오미일, 「1910~1920년대 부산지역 조선인 자본가층의 존재양상과 민족주의 운동의 전개」『항도부산』12, 1996.

8 부산의 근대 인물

박기종과 하단 철도

부산의 근대적 교통과 항만의 기틀을 마련한 인물은 우리에게 잘 알려지지 않은 선각자 박기종(朴琪淙)이다. 1890년대 부산의 정치·경제·교육계에 많은 업적을 남겼고, 한국철도건설의 선구적인 역할을 한 인물이다.

박기종은 1839년 지금의 동구 좌천동에서 출생하였다. 본관은 밀성(密城)이며, 아버지가 동래부의 무청(武廳)인 장관청 소속 초관(哨官)을 역임한 것으로 보아 무신 집안으로 짐작된다. 그는 독학으로 한문을 배웠고, 초량왜관에 드나들면서 왜상(倭商)과 접촉하면서 일본말과 상술을 배웠다. 일찍이 실학(實學)의 뜻을 두어 젊은 시절 일본 대마도와의 무역을 전담하던 특허상인 단체인 8명의 상인 집단인 팔상고(八商賈)에 드나들며 상업에 종사하였다.

한국인과 일본인 상인들간의 거래를 알선하면서 재산을 모아 지금의 중앙동 및 영선도 일대에 어장을 마련하였다. 이어 대저동의 토지를 사들어 30대에 이미 상당한 부를 축적하였다. 1876년 5월 그는 대일통신사 김기수 일행을 수행하는 통역관으로 일본의 새 문물을 시찰하고 돌아왔으며, 그 후 두 차례 일본 방문을 통해 개화의식을 키워나갔다.

수 차례의 일본 방문을 통해 직접 근대 문명을 체험한 그는 자주자강의 정신으로 신교육을 통한 민족교육을 실천하고자 하였다. 1895년 부산항 경무관이었던 그는 이내옥, 배문화, 변한경, 이명서 등과 함께 각각 300원씩 1,500원을 출자하여 지금의 영주동에 개성학교(지금의 개성고교의 전신으로 부산상고로 불리기도 하였다)를 설립하여 신문화교육을 실현하였다. 개성학교는 서울 이남에서 처음으로 설립된 근대적인 학교이다.

서울에서 관직 생활을 하다가 1886년 부산항 경무관으로 임명되었다. 다대포첨사 겸 부산항사검관, 절영도첨사 겸 부산경무관 등 1898년까지 부산에서 근무하였고, 또 1898년에는 다시 서울에서 외부참사관이 되었다. 그는 이때 철도 건설에 많은 집념을 보였는데, 당시 하단은 구포와 함께 낙동강 수운을 이용한 화물의 집산지였다. 이에 그는 부산항과 하단포를 연결하는 약 6㎞의 경편(輕便)철도 부설을 신청하였으나 한 차례 보류되었고, 1898년 5월 부하(釜下)철도회사의 설립인가를 받았다. 그가 경편철도를 부설한 배경은 부산의 지리적 특성을 잘 이해하였기 때문이다. 당시 낙동강 하구의 하단(下端)은 구포(龜浦)와 함께 낙동강 수운을 이용한 화물의 집산지였다.

부산항과 철도

하단포는 구포와 함께 낙동강의 수운을 이용해 경상북도와 경상남도의 물산이 집결하는 장소로, 여기에 모인 물산은 다시 육로 또는 연안 항로를 통해 부산항으로 운반되었다. 당시 하단포와 부산항 사이에는 대티고개(지금의 대티터널)라는 높은 고개가 있어 육로 운송이 어려웠다. 하단 인근의 연안 항로도 만만치 않았고, 특히 바다와 강이 만나는 몰운대 인근 앞바다는 풍랑이 심해 선박의 난파 사고가 잦았다. 이런 지형적 특성을 잘 알고 있었기에 부산항과 하단포 사이에 경편 철도를 부설하고자 했던 것이다. 철도로 옮긴 물품은 부산항을 통해 일본 등으로 수출한다는 계획까지 세웠다. 이것은 우리나라 최초의 민간철도 회사였다. 그러나 자금의 부족과 노선의 부적합성, 경부선 부설계획 등의 이유로 중단하였다.

1905년 중추원의관 등을 역임한 후 부산으로 돌아왔으며 1907년에 좌천동 그의 집에서 쓸쓸한 죽음을 맞이하였다.

부산을 지킨 독립투사 최천택

최천택은 1896년 6월에 태어나 1961년 11월에 돌아가셨다. 최차구(崔此球)의 2대 독자로 태어났다. 부산에서 태어나 일제강점기를 거치면서 한평생 부산지역 민족운동을 적극적으로 활동한 대표적 토박이다.

1920년 의열단원 박재혁(朴載赫)의 부산경찰서 폭탄사건은 그를 독립투사가 각인시킨 사건이다. 1920년 9월경 박재혁 김영주(金永柱) 등과 함께 부산경찰서 사무실에 폭탄을 투척하였다. 박재혁은 상해에서 김원봉(金元鳳)으로부터 부산경찰서장을 죽여 독립운동의 기세를 높이자는 제안을 받았다. 이에 폭탄 1개와 돈 3백 원 그리고 여비 5십 원을 받은 후, 9월 6일 부산을 통해 국내로 들어왔다. 그는 김영주와 함께 박재혁을 만나 9월 13일까지 동래온천 일대를 돌아다니며 거사를 논의하였다. 9월 14일에 부산경찰서장을 죽일 것을 결심하고, 경찰서 사무실내에 폭탄을 투척하였다. 이 일로 인해 최천택은 일본경찰에 체포되어 가혹한 고문을 받았으며, 박재혁이 단독범이라고 주장하여 10월 16일 기소유예로 풀려날 수 있었다.

그의 민족사상은 부산공립상업학교 재학시절에 형성되었다고 할 수 있다. 2학년 때인 1912년 당시 금서(禁書)였던 「동국 사기」를 절친한 학우들인 박재혁(朴載赫) 김병태(金鉼泰) 김흥규(金興奎)와 윤독하고 다른 친구들에게도 몰래 돌린 것이 발각되어 10여일간 구속되었다. 이때부터 부산경찰서의 요시찰 인물로 주목받기 시작하였다. 이 사건에 연루된 박재혁, 김병태, 김인태(金仁泰), 김영주(金永柱), 장지형(張志亨), 오택(吳鐸), 김흥규 등 학우들은 이미 소모임의 형태로 조직적으로 운영되었다. 윤독회를 통해 결속을 다진 학우들과 함께 북로 군정서의 국내 연락을 담당하고 유사시 항일 비밀 결사대로 전환한다는 목적 아래 1913년 비밀 결사인 구세단(救世団)을 조직하였다. '모든 항일투사의 국내연락'과 유사시 항일 '비밀결사대'로 전환하는데 그 목적을 둔 조직이다. 활동 반 년 만에 일본 경찰에 발각되어 최천택, 박재혁, 김인태, 오택, 김흥규 등이 검거된다. 이후 구세단은 자체 조직을 해체한다는 조건으로 검거된 동지들이 석방되었다.

부산지역 3·1운동의 재봉기를 주도한 인물이 바로 최천택이다. 부산지역 3·1운동의 효시를 일신여학교 학생 봉기를 꼽지만, 이를 다시 선동하였던 것이다. 구세단 동지로서 상해에 있던 김인태(1919년 파리강화회의에 참여한 김규식의 수행원)로부터 1919년 2월 22일 급히 오라는 전보를 받고 일본에 건너간 그는 '3월 1일을 기해 독립운동이 일어날 것이니 빨리 구세단 조직을 강화하여 궐기할 준비를 해야 한다'는 이야기를 듣고 곧바로 귀국하였다. 국내에 돌아와 장건상의 조카인 장지형에게 급박하게 돌아가고 있던 시국상황을 설명하고 자신은 울산, 경주, 포항의 동지들에게 연락하기 위해 부산을 떠난다. 대구에서 3·1운동을 맞은 그는 곧 서울로 올라가 동지인 김동산, 강홍렬, 박희창 등과 회합하여 3·1운동의 경과를 설명 듣고 부산으로 다시 내려온다. 부산공립상업학교 2회 후배 백용수(白龍水)와 함께 재차 모의하여 서울에서 지하신문으로 발행되던 「독립신문」을 등사해 집집마다 뿌리면서 3·1운동을 다시 선동했다.

그는 부산지방에서 전개된 청년운동 및 사회운동에 적극적으로 참여하였다. 1921년 8월에 최천택은 일본에 건너가기 위해 부산에 체류하고 있던 유랑노동자들의 주택문제를 해결하고자 노력하였다. 백산상회의 대표이면서 독립운동가였던 안희제(安熙濟)와 해방 후 경남도지사를 역임한 김철수 등과 함께 주택구제 부산시민대회를 개최하여 도항민(渡航民)의 권익을 옹호하였다. 그리고 부산청년회(釜山青年會)를 조직하였는데 부산진, 초량, 고관, 영주동, 영도, 부민동, 곡정의 7곳 청년단체를 하나로 연합시켰다. 1924년 부산청년회 주최로 열린 조선기근구제의연회에서 동정연설(同情演說)을 하고, 이듬해 12월에 열린 부산청년연맹발기준비회(釜山青年聯盟發起準備會)에 참가하였다. 1929년 2월 신간회 부산지회 정기대회에서 지회장으로 각각 선출되었다.

1928년 부산보통학교 일본인 교사의 여학생 능욕사건에 대한 규탄대회에 앞장섰다. 1945년 8월 9일부터 예비검속 상태에 있다가 해방을 맞은 최천택은 8월 17일 건국준비위원회 경남도지부 결성에 참가하여 기획부장으로 사회주의자들과 함께 자주적 독립국가 건설에 앞장섰다. 1945년 12월 모스크바 삼상회의의 결정으로 좌우대립이 전개되자 최천택은 김철수(金哲壽)와 함께 반탁 입장에 앞장서 1946년 신탁통치반대 국민총동원 경남위원회 부위원장이 되었다. 1960년 4월혁명으로 자유당 정권이 붕괴되면서 많은 혁신세력들이 정치운동을 재개하였다. 1961년 5·16 군사정권이 들어서자 서면 육군형무소에 수 개월간 구금되었다가 풀려났다. 형무소에서의 후유증 때문인지 1961년 11월 좌천동 자택에서 파란 많은 생을 마감했다.

> **독립투사 최천택선생(1896~1961)**
>
> 1896년 6월 1일 부산 좌천동에서 태어나 부산진초등학교를 거쳐 부산공립상업학교(전 부산상고, 현 개성고등학교)를 졸업하였다. 부산상고 2학년(17세)때 우리민족의 얼이 담긴 국사책 '동국사기'를 등사기로 인쇄하여 학우들에게 나누어주다가 일본경찰에 발각되어 체포 구금된 것을 시작으로 절친한 친구이자 구국동지인 박재혁 의사와 함께 부산경찰서 폭파사건(1920. 9. 14.) 등 33년간 무려 54회나 체포, 구속, 구금되어 모진 고문을 받았다. 하지만 동지의 이름이나 투쟁행적을 고해 바쳐 목숨을 구걸하지도 않고 동지와의 의리와 신뢰를 소중히 여기고 약속을 생명처럼 지켜 내는 올곧은 성품과 기개를 지닌 애국투사이다.

이 글은 좌천동 증산공원으로 가는 길목에 있는 소정(蘇庭) 최천택(崔天澤)의 안내 글이다.

〈참고문헌〉

최해군, 『부산7000년, 그 영욕의 발자취』, 부산을 가꾸는 모임, 1996.

부경역사연구소, 『시민을 위한 부산인물사(근현대편)』, 선인, 2004.

부산을빛낸인물선정위원회, 『부산을 빛낸 인물』 1, 부산광역시 시사편찬실, 2005.

KBS부산재발견 제작팀, 『TV로 보는 부산의 역사 부산재발견』, 우진, 2012.

최연주 외, 『증산마을 이야기』, 부산발전연구원, 2015.

9 부산 도심 속의 문화유산

소중한 유산 봉수(烽燧)

봉수는 전근대시대 밤에는 횃불(烽)로 낮에는 연기(燧)로써 급한 소식을 전하던 통신제도이다. 봉수제는 기록상 고려 의종대 부터있었으나, 아마도 삼국시대부터 있었을 것이다.

봉수는 평상시에는 1거(炬), 적이 출현하면 2거, 적이 육지로 접근하면 3거, 적과 접전하거나 국경에 침입하변 4거, 적이 상륙하면 5거를 피웠다고 한다. 부산은 바다에 접해 있어 외적의 침입을 가장 먼저 접하게 된다. 특히 일본과 지리적으로 가까워 왜적(倭賊)의 활동을 예의주시하던 국방상 매우 중요한 전략 요충지이다.

봉수에는 직봉(直烽)과 간봉(間烽)이 있다. 전자는 서울의 목멱산(南山) 봉수대를 중심으로 하여, 동북쪽은 함경도의 경흥, 서북쪽은 평안도의 강계와 의주, 동남쪽은 경상도의 동래, 서남쪽은 전라도의 순천을 기점으로 연결망을 조직한 것이다. 후자는 직봉과 직봉 사이의 중간 지역을 연결하는 보조선이다.

부산에는 다양한 봉수가 존재하고 있었다. 조선 세종 7년(1425)에 간행된 『경상도지리지』에는 석성(지금의 송도 천마산)→황령산→간비오산(지금의 해운대 뒷산)로 되어 있다. 세종대의 봉수망은 석성산→황령산→간비오산→기장→울산으로 이어진다.

『경상도속찬지리지』에는 앞의 3봉수 외 계명산(지금의 범어사 앞산)에 각각 있었다. 성종 12년(1481)에 편찬된 『신증동국여지승람』에 석성은 없어지고, 오해야(지금의 용호동 인근 산), 응봉(지금의 다대포 뒷산 두송산) 봉수가 각각 기록되어 있다. 그래서 석성(石城)에서 서로는 김해, 북으로는 황령산 연계하였으며, 양산은 간비오에서 출발하는 것으로 보아 신설된 것으로 보인다.

『동국여지승람』에는 석성은 없어지고, 오해야봉수 등장하는데 동으로 황령산, 서으로 김해로 연결되었다. 이때 응봉(다대포 뒷산 두송산)이 등장하는데 이는 동서를 이어주었다. 영조 16년(1740)에 간행된 『동래부지』에는 황령산, 오해야, 계명, 간비오, 구봉(지금의 초량동 구봉산), 석성산 봉수가 있었는데 곧 오해야 봉수는 폐지되고, 석성산 봉수는 왜관(倭館)과 인접하다는 이유로 구봉으로 옮겼다고 전한다. 이처럼 부산 지역내에 주요 산 정상에는 봉수가 존재하였던 것이다.

부산 지방의 봉수는 관리가 각각 달랐다. 황령산과 계명산은 동래군의 독진군(獨鎭軍)이, 응봉은 다대포 첨사영의 수군, 간비오는 좌수영의 군(軍), 구봉은 부산진첨사영의 수군이 각각 담당하였다. 부산에 있던 봉수는 그 지역에 따라 연결지역이 각각 다르다. 예를 들면

석성봉수대(천마산)

지금의 송도 천마산에 있던 석성 봉수는 김해지역, 황령산 봉수는 양산지역, 간비오 봉수는 울산지역을 각각 연결시켜 전국적으로 국가의 위기 상황을 알렸다. 다대포 뒷산 두송산에 있던 응봉 봉수는 부산의 동서를 이어주는 중요한 역할을 하였다. 부산에 위치한 봉수는 국가의 위기를 알리는 시작점으로 국가 안보상, 전략상 그 가치가 컸다.

부산과 왜성(倭城)

왜성은 임진·정유재란(1592~98)때 한반도를 침략한 일본군대가 한반도에 일본식 축성기술로 쌓은 성곽들을 말한다. 일본이 7년 동안 전쟁을 하면서 쌓은 왜성(倭城)은 부산 11개, 울산 2개, 경남 17개, 전남 1개로 총 31개로 공식 추산한다. 그래서 왜성과 관련된 유적지가 가장 많이 남아 있는 곳이 바로 부산이다. 부산진왜성, 구포왜성, 기장 죽성리왜성, 죽도왜성, 범천증산성 등이 현존하고 있으며, 지금은 사라진 절영도왜성, 용미산왜성, 동래왜성 등이 있었다.

일본군의 각 본진(本陣) 지휘관인 다이묘(大名)들이 분담하여 2천~8천명을 동원하여 약 3개월에 걸쳐 축성하였다. 당시 일본은 부산과 평양간에 보급 및 연락로를 확보하기 위해서 쌓은 것으로 전해져 오고 있다. 임진왜란 직후 부산에 전진기지 구실을 할 성(城)을 쌓기 시

부산진지성(왜성)

작한 일본은 선조 26년(1593) 남쪽으로 후퇴한 이후 명나라와 강화교섭을 진행하면서 부산을 중심으로 한 동남해안에 왜성을 집중적으로 쌓았다. 4년 뒤 강화 교섭이 결렬되자 정유재란을 다시 일으킨 일본은 울산, 경남, 전남 등에 성을 추가로 축조하였다.

한반도의 남해안에 위치한 왜성의 배치는 부산성이 전체를 통괄하고 각지의 요충지에 각각의 다이묘[大名]가 관리하는 본성(本城, 혹은 모성(母城))과 지성(支城, 혹은 자성(子城))으로 배치되었다. 왜성은 해안의 선착장을 포함하는 외곽부와 배후의 자그마한 산 위에 위치하는 내성부로 구성되어 있으며, 축성은 다이묘가 분담하여 2,000~8,000명 정도를 동원하여 약 3개월 기간 소요되었다고 한다. 전쟁 초기 보급로의 확보와 중간 거점 확보를 위해 축성 명령 하달하여 기존의 조선성을 개축하거나 이를 활용한 경우도 있었다. 전쟁이 장기화되자 남해안의 항만확보와 장기 농성을 대비한 수비의 축성으로 변화되었다.

왜성의 축조 배경에는 일본 수군의 한계에서 비롯되었다는 주장도 있다. 한산대첩과 안골포해전에서 일본을 대표하는 수군 장수들이 모두 대패함으로써 풍신수길은 일본 수군에게 '해전금지'의 명령을 내렸다. 이에 이순신이 이끄는 조선 수군과의 해전을 회피하는 전술의 일환으로 해안에 축성하도록 하였다는 것이다. 특히 부산포해전 이후에는 해안에 축성한 뒤 육상에서만 조선 수군을 상대하려 하였다.

또 명과의 협상과정에서 조선 남부 4도의 할양이 받아들여질 경우를 대비해서 남부 지역을 지배하기 위한 정치의 중추로서 기능도 활용할 의도가 있었다. 다른 한편으로는 강화교섭과정에서 유리하게 협상을 이끌어 내려는 의도가 있었을 것이다. 남해안의 축성은 전쟁 장기화에 대비하기 위한 궁여지책의 일환이다. 이는 그 범위에서 거점인 부산본영을 중심으로 동으로는 서생포, 서로는 거제도에 이르기까지 각 성곽이 연결·제휴하는 형태로 방어선을 형성하고 있는 것에서 추정된다. 다른 측면에서는 해상 교전에 있어서 조선 수군의 반격에 대비하여 긴급피난처의 성격도 고려해 볼 수 있을 것이다. 이는 남해안 지역에 축성된 해안의 왜성에서 그 의미를 찾을 수 있다.

왜성은 강과 바다에 인접한 구릉이나 야산에 위치하고 있다. 그 이유는 일본이 선박을 통해 조선을 침략하였기 때문이기도 하지만, 배를 이용하여 전진과 후퇴를 용이하게 위함이었다. 왜성은 당시 군사적 거점 또는 교통의 요지에 수로 입지하였던 것이다.

왜성의 구조는 크게 3부분으로 구분되는데 최상단에 위치하고 있는 본환(本丸)에는 왜군 장수가 위치하는 곳이고, 그 아래에 이환(二丸)과 삼환(三丸)으로 성곽을 쌓아 두었다. 3단으로 축조된 왜성의 출입구는 우리 고유의 성곽처럼 성문(城門)과 그 주위를 둘러싼 옹성(甕城)이 있는 것이 아니라 호구(虎口)라 하여 개방되어 있었다. 개방된 출입구는 동일한 방향으로 축조된 것이 아니라 각 부분의 방향이 엇갈리도록 되어 있는데, 그 이유는 적이 성내(城內)로 침입할 때 큰 타격을 주기 위한 것이다.

증산왜성은 부산진성의 뒤편 좌천동 산 정상부에 축조된 성으로 임진왜란 때 일본이 최초로 쌓았다. 선조 26년(1593) 모리휘원(毛利輝元)에 의해 축조되었는데, 8월부터 5개월 동안 1만 여명을 동원하여 만들었다. 해발 130m 증산 꼭대기에 쌓은 성은 7년 동안 사용하였는데, 임진왜란을 일으킨 장본인인 풍신수길이 조선에 왔을 때 활용하고자 하는 의도로 축조되었다고 한다. 당시 주둔한 왜군의 숫자는 무려 17,600여명이었다고 한다. 증산왜성을 축조하기 위해 부산진성을 파괴하여 그 석재를 조달하였다.

일본은 또 증산왜성에 1㎞가량 떨어진 곳에 지성(支城, 혹은 자성(子城))의 성격을 띤 자성대 왜성을 쌓았다. 흔히 자성대라 부르는데 증산왜성의 지성으로 축조된 것이다. 이 성은 본성인 증산왜성을 방어하고 해상 보급로를 확보하기 위해 쌓은 것이다. 이 성을 자성대라 부르는 유래는 조선군이 부산진성을 모성으로 하고 그에 따른 성이란 뜻으로 본다. 또는 임진왜란 당시 낮은 구릉인 이 곳에 자성을 만들고 장수가 지휘하는 장대를 세웠다고 본다. 임진왜란 당시 제1군을 이끌고 왔던 소서행장 즉 고니시 유키나와가 잠시 머물렀다고 하여 고니시 성이라고도 부른다.

부산 동구일대에 축조된 왜성은 임진왜란 직후부터 일본이 철수할 때까지 병력 보충, 전쟁물자의 보급, 일본 본토와의 연락 등 일종의 총지휘본부로서 그 역할을 하였다. 다시 말해 이곳은 한반도 남

구포왜성

부에 축성한 왜성을 통괄하고 있었다.

구포왜성은 제6군을 이끌고 왔던 소한천융경(小早川隆景) 등이 선조 26년(1593) 7월에 낙동강 수로 확보와 김해와 양산 사이의 연락을 취하기 위한 목적으로 쌓은 성으로 김해성의 지성(支城)이다. 일명 의성(義城) 또는 감동포성(甘同浦城)으로 불린다. 금정산의 한 지맥이 끝나는 구포지역에 위치하여 서편으로 낙동강을 끼고, 그 밑에 선박이 정박할 수 있도록 했다고 한다. 성은 금정산의 한 지맥이 끝나는 구포지방에 위치하여 서편으로 낙동강을 끼고, 그 밑에 선박이 정박할 수 있으며, 멀리 서쪽으로 김해 죽성도(竹城島)와 서로 바라보고 있는 전략상의 요지에 해당된다. 당시 왜군은 낙동강을 통해 각종 물자를 한반도 내륙까지 수송하고 있었던 점을 고려해 보면 구포 왜성이 가지는 전략적 가치가 매우 컸다.

죽도왜성은 낙동강 서쪽지류에 접해 있어 선박의 접안이 용이하다. 녹산 방면에서 서낙동강을 따라 김해로 들어오는 길목에 위치한 전략적 요충지이다. 이 성은 구포의 의성과 거리는 수로로 약 3리이며, 임진왜란때 일본군이 낙동강하구를 방어하는 실질적인 성이다. 또 죽도성, 의성, 양산성은 삼각형을 이루어 김해 북방으로부터 방어의 요지를 이루고 있다. 낙동강지류를 이용하여 선박 편으로 다른 성들과 긴밀한 연락을 도모했을 것이다.

기장의 죽성리 왜성은 흑전장정(黑田長政)가 축성한 것으로 임진·정유재란 중 일본군이 조선·명나라 연합군의 공격을 방어하고 남해안에 장기간 주둔하기 위해 쌓은 성 가운데 하나이다. 선조 27년(1594) 봄에 일본군이 부산 부근과 남부 연안에 성을 축성하여 여기를 근거지로 삼아 지구 전략으로 조선을 굴복시키려 하였다. 즉 5월에 모리휘원 이하 20여 장수로 하여금 각각 협력하여 축조하였던 성 가운데 하나이다. 서생포성과 울산의 학성 그리고 부산성을 연결하는 요충지에 자리잡고 있다.

〈참고문헌〉

부산경남역사연구소,『시민을 위한 부산의 역사』, 늘함께, 1999.

부산은행,『부산, 역사향기를 찾아서』, 부산은행, 2006.

KBS부산재발견 제작팀,『TV로 보는 부산의 역사 부산재발견』, 우진, 2012.

이민웅,『임진왜란 해전사』, 청어람미디어, 2014.

최연주 외,『증산마을 이야기』, 부산발전연구원, 2015.

신동명 외,『역사의 블랙박스 왜성 재발견』, 산지니, 2016.

10 부산의 지명이야기

부산이란 이름이 언제부터 사용되었는지 정확한 시기는 알 수 없다. 부산을 한자어로는 부산(富山)과 부산(釜山)으로 쓴다. 각각의 뜻과 의미는 다양하게 해석된다. 부산(富山)은 '산이 많은 곳', 부산(釜山)은 가마솥 부(釜)자에 그 의미를 부여한다. 부산(釜山) 한자어는 그 연관성을 증산(甑山)에서 찾는다. 증산은 시루처럼 생긴 형상을 의미한다고 보고 부산(釜山)의 가마솥 부(釜)와 같은 의미로 이해한다. 부산(富山)은 조선 초기까지, 부산(釜山)은 16세기 이후 많이 사용되었다.

우리나라의 역사서에 부산은 어떻게 묘사되어 있는지 각종 지리지의 내용을 살펴보기로 하자. 고려 인종 23년(1145)에 간행된 『삼국사기』에는 '동래군은 본래 거칠산군이었는데 (신라) 경덕왕 때 지금의 이름으로 고쳤다. 영현은 둘인데, 동평현은 본래 대증현이다. 경덕왕 때 지금의 이름으로 고쳤다.(東萊郡, 本居漆山郡 景德王改名 今因之. 領縣二 東平縣 本大甑縣 景德王改名 今因之) 기장현은 본래 갑화양곡현이다. 경덕왕 때 지금의 이름으로 고쳤다.(機張縣 本甲火良谷縣 景德王改名 今因之)'(권 34, 지리지 1, 양주(良州))이다.

다음은 조선 세종 7년(1425)에 간행된 『경상도지리지』에는 '동래현은 옛날 거칠산군이다. 신라때 동래군으로 고쳤다. 고려때 동래현으로 고쳤다. 본조(조선)으로 이어 온다. 동평현은 고려때 양주 임내에 소속되었고 본조(조선) 태종대 을유년(태종 5년(1405))에 다시 동래현 임내로 되돌아갔다가 을측년(태종 9년)에 다시 양산올 복귀시켰다.(東萊縣 古之居漆山郡. 新羅時 改東萊郡. 高麗時 改東萊縣. 本朝因之. 東平縣 高麗時 屬梁州任內 本朝太宗代歲在乙酉 還屬縣任內. 乙丑復屬梁山)

기장현은 고려때 별도로 관리를 두었는데 그 연대를 알 수 없다. 기장현은 본래 갑화양곡현이다. 신라 경덕왕때 기장현으로 고쳐 동래현에 소속시켰다. 고려 때 감무를 두었는데 그 연대를 알 수 없다. 본조(조선)에서는 거성으로 별도로 불렀다.(機張縣 高麗時 別置官 年代未詳. 機張縣 本甲火良谷縣. 新羅景德王時 改称機張縣 屬東萊縣. 在高麗時 置監務 其年代未詳 本朝因之 別号 車城)'

세종 31년(1449)에 간행된 『고려사』에는 '동래현은 본래 신라의 거칠산군으로 경덕왕 때 동래군으로 고쳤다. 현종 9년(1018) 내속시켰다가 뒤에 현령을 두었다. 온천이 있다.(東萊縣, 本新羅居漆山郡 景德王改爲東萊郡. 顯宗九年來屬後置縣, 今有溫泉)'(권 57, 지리지 2, 울주(蔚州). 그리고 '본래 신라의 대증현으로 경덕왕 때 지금 이름으로 고쳐 동래군의 영현으로 삼았다. 현종 9년(1018)에 내속시켰다. 절영도가 있다. 본래 신라의 갑화양곡현으로 경덕왕 때 지금 이름으로 고쳐 동래군의 영현으로 삼았다가 뒤에 양주로 소속을 옮겼다. 현종 9년(1018)에 또 울주로 소속을 옮겼다가 뒤에 감무를 두었다. 거성으로 별도로 불렀다.(東平縣, 本新羅大甑縣景德王改今名爲東萊郡領縣. 顯宗九年來屬, 有絶影島. 機張縣, 本新羅甲火良谷縣景德王改今名爲東萊郡領縣後移屬. 顯宗九年又移屬蔚州, 後置監務 別号 車城)'(권 57, 지리지 2, 양주(梁州)라고 하였다.

단종 2년(1454)에 간행된 『세종실록지리지』에는 '동래현은 판현사 1인이 있다. 본래 거칠산군인데, 경덕왕이 지금의 이름으로 고쳤다. (고려) 현종 무오년에 울주 임내에 붙였다가, 뒤에 현령을 두었는데, 본조(조선) 태조 6년 정축에 비로소 병마사 겸 판현사(兵馬使兼判縣事)를 두었다.(東萊縣, 判縣事一人 本居柒山郡. 景德王改今名 顯宗戊午 屬蔚州任內 後置縣令. 本朝太祖六年丁丑 始置兵馬使兼判縣事 今上五年癸卯 改称僉節制使(四品則称同僉節制使)

속현은 하나이다. 동평현인데 본래 대증현이다. 경덕왕이 지금의 이름으로 고쳐서 동래군의 영현으로 삼았고, (고려) 현종 무오년에 양주 임내에 붙였는데, 본조(조선) 태종 5년 을유년에 (본현에) 내속시켰다가, 기축년에 다시 양주로 붙였고, 今上(세종) 10년 무신에 도로 본현으로 붙였다. 부곡(部曲)이 2이니, 고지도와 조정, 향(鄕)이 1이니, 생천이다. ~ 좌도 수군 도안무처치사 본영(左道水軍都按撫處置使本營) [동평현 남쪽 7리 되는 부산포(富山浦)에 있다.](屬縣一 東平 本大甑縣 景德王改今名 爲東萊郡領縣 顯宗戊午 屬梁州任內. 本朝太宗五年乙酉 來屬 己丑 復屬梁州 今上十年戊申 屬還于縣. 部曲二 古智道 調井. 鄕一 生川. ~ 左道水軍都按撫處置使本營~富山浦~)

본디 갑화양곡현인데, 경덕왕이 기장으로 고쳐 동래군의 영현으로 삼았고, 고려 현종 무오년에 울주 임내에 붙였다가, 뒤에 감무를 두었다. 거성이라고 별도로 불렀다.(機張縣, 本甲火良谷縣 景德王改爲機張爲東萊郡領縣. 顯宗戊午 屬蔚州任內後置監務 別号車城)'(권 150, 경상도 경주부)라 되어 있다.

중종 25년(1530)에 간행된 『신증동국여지승람』에는 '건치연혁 : 옛날의 장산국 혹은 내산국이라고도 하였다. 신라가 점유하여 거칠산군을 두었는데, 경덕왕이 지금 이름으로 고쳤으며, 고려 현종이 울주에 예속시켰다. 뒤에 현령을 두었으며, 본조(조선)에 들어와서는, 태조 때 처음으로 진을 설치하여 병마사가 판현사를 겸하게 했고, 세종 때에는 첨절제사로 개칭하였으며, 뒤에 속현인 동평현으로 진을 옮겼으나, 얼마 되지 않아 옛 읍내로 돌아갔고, 뒤에 현령으로 고쳤다.(建置沿革 : 古萇山國[或云 萊山國] 新羅取之置 居漆山郡 景德王改今名 高麗顯宗屬蔚州後置縣令本朝 太祖時 始値鎭以兵馬使兼判縣事 世宗朝改称僉節制使後移鎭于屬縣東平未幾還旧治後改縣令)

부산 ; 동평현에 있으며, 산이 가마솥 모양과 같아서 이렇게 이름지었다. 그 아래가 바로 부산포인데, 상주하는 왜인의 집들이 있으며 북쪽으로 현까지의 거리는 21리이다.(山川在東平縣山如釜~釜山浦~)(권 23, 경상도 동래현)

건치연혁 : 본래 신라의 갑화양곡현으로, 경덕왕 때 지금 이름으로 고치고, 동래군의 속현으로 두었다가 뒤에는 양주에 속하게 했으며,

고려 현종 때에는 울주에 붙였다. 뒤에 감무를 두었고, 본조(조선)에 와서 현감으로 고쳤다.(建置沿革 : 本新羅甲火良谷縣 景德王改爲東萊郡領縣. 後屬梁州. 高麗顯宗屬蔚州後置監務 本朝改縣監)'(권 23, 경상도 기장현)로 되어 있다.

지금까지의 사서를 정리해 보면 세종 7년(1425)에 편찬된 『경상도지리지』와 단종 2년(1454)의 『세종실록지리지』, 그리고 예종 1년(1469)의 『경상도속찬지리지』 등에는 '동래부산포(東萊富山浦)'라 하였다. 성종 2년(1471) 신숙주의 『해동제국기』에도 '동래지부산포(東萊之富山浦)'라 하고, 같은 책의 「삼포왜관도」에도 '동래현부산포(東萊縣富山浦)'라고 기록해 놓고 있다. 이때의 부산포는 부자 부(富)를 사용하였다. 그러나 성종 5년(1474) 2월 19일자의 『성종실록』에 부산(釜山)이라는 명칭이 처음 나타나는데, 같은 해 4월 남제(南悌)가 그린 「부산포지도」에는 부산(富山)이라 쓰고 있어 이 시기에는 부산(富山)과 부산(釜山)을 혼용하여 사용하고 있었음을 알 수 있다.

그러나 이후의 기록들에는 부산포(釜山浦)로 기록하고 있다. 성종 12년(1481)의 『동국여지승람』이 완성된 15세기 말엽부터는 부산(釜山)이라는 지명이 일반화된 것으로 추정된다. 특히 『동국여지승람』 산천조에 보면, '부산(釜山) : 동평현(東平縣)에 있으며, 산이 가마솥 모양과 같아서 이렇게 이름지었다. 그 아래가 바로 부산포(釜山浦)인데, 상주하는 왜인의 집들이 있으며 북쪽으로 현까지의 거리는 21리이다'라고 하여 산 모양이 가마솥과 같아 부산(釜山)이라고 하였다.

그 후 기록들은 이를 그대로 인용하여 부산(釜山)이라고 기록하고 있다. 영조 14년(1740)의 『동래부지』 산천조에 '부산은 동평현에 있으며 산이 가마솥과 같으므로 이 같이 이름하였는데 밑에 부산·개운포 양진(兩鎭)이 있고, 옛날 항거왜호(恒居倭戶)가 있었다'라고 하였고, 순조 32년(1832)의 『동래부읍지』에도 같은 내용으로 기록되어 있다. 이러한 사실로 미루어 보아 『동국여지승람』편찬 이전에는 부산(富山)이라는 이름으로 불리어 오다가 이후 어느 시기에 부산(釜山)이라는 이름으로 바뀐 것으로 보인다.

부산시 동구 좌천동의 증산 현재모습

가마솥과 같이 생겼다는 산은 과연 어느 산인가. 인조 21년(1643)에 통신사 종사관으로 일본에 건너간 신유의 『해사록』에 실려 있는 「등부산시(登釜山詩)」에 '산 모양이 도톰하여 가마와 같고 성문이 바다에 임하여'라고 한 구절이 나온다. 이때 부산진성(釜山鎭城)은 오늘날 동구 좌천동 북쪽의 증산을 둘러싸고 있는 정공단(鄭公壇) 자리에 성문이 있어 성문 바로 아래가 바다와 접해 있었다. 시에 나오는 산은 지금의 동구 좌천동 증산(甑山)을 말하는 것으로 보인다. 또 18세기 중엽에 변박이 그린 「왜관도(倭館図)」를 보면 이 증산을 「부산고기(釜山古基)」라고 기록하고 있다.

부산이란 지명은 지금 행정구역 명칭으로 보편화되었지만, 각종 사료에 따르면 동래현에 소속된 어촌 또는 군사기지였다. 그러나 지금 부산이 가지고 있는 지명의 의미는 단순히 옛 지명의 위상이 아니라 우리나라를 대표하는 항구도시를 말한다. 아울러 대한민국의 관문도시라는 이미지가 크다고 할 수 있다.

〈참고문헌〉

부산경남역사연구소, 『시민을 위한 부산의 역사』, 늘함께, 1999.
부산광역시, 부산대학교 지리연구소, 『부산고지도』, 부산광역시, 2008.
최연주 외, 『증산마을 이야기』, 부산발전연구원, 2015.
심봉근, 「부산포와 부산진성의 공간적 위치분석」 『문물연구』 25, 2014.